## 日本の絶景

# 沖縄

# 日本の絶景

おとな旅プレミアム

# 沖縄
## CONTENTS

## 体感! 絶景アドベンチャー

- 慶良間シュノーケリング …… 6
- 慶佐次川マングローブカヌー …… 8
- ピナイサーラの滝トレッキング …… 10
- マンタハイウェイダイビング …… 12
- モーターパラグライダー …… 14
- 由布島水牛車 …… 16

### 沖縄本島 那覇・南部

- 首里城公園 …… 20
- 波上宮 …… 24
- 豊崎美らSUNビーチ …… 26
- ガンガラーの谷 …… 30
- ニライ橋・カナイ橋 …… 34
- 喜屋武岬 …… 38
- エリアガイド …… 40
- 絶景ホテルガイド① …… 44

### 沖縄本島 西海岸リゾート・中部

- 残波岬 …… 46
- 真栄田岬 …… 50
- 万座毛 …… 52
- 果報バンタ …… 54
- 勝連城跡 …… 58
- 美浜アメリカンビレッジ …… 60
- エリアガイド …… 64
- 絶景ホテルガイド② …… 68

### 沖縄本島 本部半島・やんばる

- 古宇利大橋 …… 72
- 沖縄美ら海水族館 …… 76
- 瀬底ビーチ …… 80
- 水納ビーチ …… 82
- ASMUI Spiritual Hikes …… 84
- エリアガイド …… 88
- 絶景ホテルガイド③ …… 92

### 慶良間諸島

- 古座間味ビーチ …… 94
- 女瀬の崎展望台 …… 96
- 北浜ビーチ …… 98
- 渡嘉志久ビーチ …… 100
- エリアガイド …… 102

### 本島周辺の島々

- 久米島 …… 106
- 伊是名島 …… 108
- 渡名喜島 …… 110
- 粟国島 …… 112
- 伊江島 …… 114
- 南大東島 …… 116

### 宮古諸島

- 東平安名崎 …… 120
- 西平安名崎 …… 124
- 八重干瀬 …… 128
- 来間大橋 …… 132

伊良部大橋 …… 134
エリアガイド …… 138
絶景ホテルガイド④ …… 142

## 八重山諸島

平久保崎 …… 144
フサキビーチ …… 148
ブーゲンビリアの道 …… 152
大岳展望台 …… 156
ニシ浜 …… 158
仲間川マングローブ …… 160
西崎 …… 164
エリアガイド …… 166
絶景ホテルガイド⑤ …… 170

## 奄美群島

奄美大島 …… 172
ヨロン島 …… 174
喜界島 …… 176
徳之島 …… 178
沖永良部島 …… 180

### COLUMN

沖縄の伝統工芸を体験しよう …… 18
慶良間諸島のイベント情報 …… 104
魅力あふれる個性的な島々を訪れよう …… 118

広域MAP …… 182
沖縄(石垣島・宮古島)へのアクセス …… 186
沖縄本島バス路線図 …… 188
INDEX …… 190INDEX …… 190

### 本書のご利用にあたって

● 本書中のデータは2025年2月現在のものです。料金、営業時間、休業日、メニューや商品の内容などが、諸事情により変更される場合がありますので、事前にご確認ください。
● 本書に紹介したショップ、レストランなどとの個人的なトラブルに関しましては、当社では一切の責任を負いかねますので、あらかじめご了承ください。
●営業時間、開館時間は実際に利用できる時間を示しています。ラストオーダー(LO)や最終入館の時間が決められている場合は別途表示してあります。
●営業時間等、変更する場合がありますので、ご利用の際は公式HPなどで事前にご確認ください。
●休業日に関しては、基本的に定休日のみを記載しており、特に記載のない場合でも年末年始、ゴールデンウィーク、夏季、旧盆、保安点検日などに休業することがあります。
●料金は消費税込みの料金を示していますが、変更する場合がありますのでご注意ください。また、入館料などについて特記のない場合は大人料金を示しています。
●宿泊料金に関しては、「1泊2食付」「1泊朝食付」「素泊まり」は特記のない場合1室2名で宿泊したときの1名分の料金です。曜日や季節によって異なることがありますので、ご注意ください。
●交通表記における所要時間、最寄り駅からの所要時間は目安としてご利用ください。
●駐車場は当該施設の専用駐車場の有無を表示しています。
●掲載写真は取材時のもので、料理、商品などのなかにはすでに取り扱っていない場合があります。
●掲載している資料および史料は、許可なく複製することを禁じます。

### データの見方

📞 電話番号　🚗 アクセス
📍 所在地　Ｐ 駐車場
🏛 開館／開園／開門時間　in チェックインの時間
🕐 営業時間　out チェックアウトの時間
🚫 定休日
¥ 料金

### 地図のマーク

⊗ 学校　⚑ ビーチ
Ⓗ 宿泊施設　✈ 空港
SC ショッピングセンター　⚓ 港・旅客線ターミナル
S ショップ　🚏 バス停

# 体感! 絶景アドベンチャー

夢のような海中世界や、亜熱帯の濃密なジャングル、大空から見下ろす透明な海など、
沖縄ならではの絶景を求めて、大自然を満喫できるアクティビティに挑戦しよう。
特別な体験を通して出会った風景は、深く記憶に刻まれて、一生忘れられない思い出に。

体感！絶景アドベンチャー

サンゴの周りを色とりどりの熱帯魚が泳ぐ沖縄の海は、驚くほど色彩豊か。シュノーケリングやダイビングで、その美しさを体感したい

ケラマブルーに染まる海の世界へ
大人気のオーシャンアクティビティ

慶良間諸島のチービシエリアでシュノーケリングを満喫。世界有数の透明度を誇り、水面に浮いているだけでも神秘的な海の中を観察できる

# 慶良間シュノーケリング
けらまシュノーケリング

那覇から片道わずか30分で、サンゴ礁が広がる楽園の海へ。
小さな熱帯魚から回遊魚、ウミガメまで多様な生き物に会える。

ケラマブルーと呼ばれる青く透き通った海が美しい慶良間諸島。沖縄本島からのアクセスも良く、日帰りで手軽にシュノーケリングを堪能できる。半日コースなら、那覇から船に乗って約30分でポイントに到着。サンゴ礁に生息するカラフルな熱帯魚をはじめ、多彩な海の生き物たちに出会える。浮力体につかまることもできるので、泳ぎが苦手でも安心。

運が良ければ、ウミガメに遭遇することも。ゆったりと泳ぐ愛らしい姿に癒やされる

シュノーケリング中の写真撮影も可能。美しいサンゴと記念撮影を忘れずに

体感！絶景アドベンチャー

## INFORMATION

**ツアー催行会社**
**マリンクラブ ベリー那覇店**
催行 毎日午前(8:00～)・午後(13:00～)
所要 4時間30分　送迎 あり
☎ 0120-10-2743
MAP P.40 B-2
交 那覇空港から車で20分　所 那覇市港町2-3-13　営 9:00～19:00　料 那覇発半日慶良間シュノーケリングツアー4000円～。乗船料・ガイド料・シュノーケル器具(シュノーケル、マスク、フィン、ウェットスーツ必須着用)・保険料・バスタオルレンタル・ドリンク・写真撮影＆プレゼント・設備使用料(駐車場・温水シャワー・更衣室)含む P あり

大型クルーザーで移動。ポイント到着後、まずは水に慣れる練習を

# マングローブが生い茂る
## 亜熱帯の汽水域を探検

# 慶佐次川マングローブカヌー
げさしがわマングローブカヌー

やんばるの自然を体感しながら、マングローブの林を漕ぎ進む。
豊かな生態系も魅力で、希少な動植物が見られるのも楽しい。

本島北部の東村を流れる慶佐次川をカヌーで進むツアー。河口両岸には本島最大規模のマングローブ原生林が広がり、亜熱帯の植物群を間近に眺めながらダイナミックな自然を肌で感じられる。多様な生物の宝庫でもあり、シオマネキやミナミトビハゼといった人気者が見られることも。2時間のプチコースのほか、海まで漕ぎ出す3時間コースもある。

出発前にカヌーの操作方法を学ぶ。ライフジャケットを着用して安全対策も忘れずに

体感！絶景アドベンチャー

慶佐次川は干満の差が大きく、潮に合わせて満潮時のみツアーを催行。周囲に広がるマングローブ原生林は国の天然記念物に指定されている

本流だけでなく、川幅の狭い支流も探索。複雑に根を張るマングローブが目の前に迫る

## INFORMATION

**ツアー催行会社**
**やんばる自然塾**
催行 通年(雨天催行)
所要 2時間(満潮時のみ催行) 送迎 あり
☎ 0980-43-2571
MAP P.89 D-4
🚗 許田ICから約27km 東村慶佐次82 8:30〜17:30(電話受付) 料 5500円、子供4500円、幼児3000円 ※1名で参加の場合、追加料金3000円。ライフジャケット、パドル、カヌー、保険含む Ｐあり

やんばる自然塾は、本島北部のエコツーリズムの拠点となっている

## 西表島の森と海を見渡す
## 滝上からの壮大な眺め

ピナイサーラの滝の上から、深緑のジャングルに覆われた西表島を展望。遠くに広がる青い海には、鳩間島やバラス島、鳩離島(はとばなりじま)などが浮かぶ

# ピナイサーラの滝トレッキング

ピナイサーラのたきトレッキング

カヌーやトレッキング、登山、滝遊びなど内容盛りだくさん。
手つかずの雄大な自然に親しみながら、沖縄一の名瀑を訪ねる。

マングローブの森を縫うようにカヌーで漕ぎ進み、上陸したら滝の上を目指してジャングルをトレッキング。沖縄随一の落差55mを誇るピナイサーラの滝の上から、眼下に広がる深い森や青く澄んだ海を一望できる。絶景を見ながらランチを楽しんだあとは、豪快に水しぶきを上げる滝つぼへ。夏は冷たい水に飛び込んで、火照った体をクールダウンしよう。

ジャングルに生息するサキシマキノボリトカゲ。その名のとおり、木登りが得意

体感！絶景アドベンチャー

波打つ板状の根が特徴のサキシマスオウノキ。生命力に満ちた迫力ある姿が目を引く

## INFORMATION

**ツアー催行会社**
西表島カヌーツアー風車
**催行** 通年（軽い雨なら決行）
**所要** 6時間30分 **送迎** あり
☎ 090-8915-0931
**MAP** P.169 D-2

🚗 上原港から車で3分（無料送迎あり） 🏠 竹富町上原521 ⏰ 8:00〜20:00 💰 1万5000円。入域料、昼食、お茶菓子、装備・機材（専用シューズ、2名につきリュックサック1つ程度、防水バッグ、ライフジャケット、カヌー）、ガイド、送迎含む 🅿 あり

西表島の魅力が凝縮したツアー。カヌーや登山で秘境を探検できる

カラフルなサンゴや熱帯魚に囲まれ、海中を羽ばたくように泳ぐマンタ。遭遇率は時期によって異なり、南よりの風が吹く6〜9月がベスト

# マンタハイウェイダイビング

初めての体験ダイビングで、憧れのマンタに出会えるかも。
石垣島の海を知り尽くしたインストラクターが案内してくれる。

海に潜ると熱帯魚がお出迎え。マンタに会えなくても、海の中は見どころ満載

　ライセンス不要の体験ダイビングで、マンタに会いに行けるプレミアムコース。1日2回潜ることができ、1回目は水深の浅いところで基本的なルールやスキルを身につける。海況などの条件が良ければ、2回目のダイビングでいよいよマンタポイントへ。巨大なマンタが悠然と泳ぐ様子は、まるで空を飛んでいるよう。その圧倒的な存在感に目を奪われる。

体験ダイビングは、インストラクター1名に対して参加者2名までという少人数制

体感！絶景アドベンチャー

## INFORMATION

**ツアー催行会社**

**うみの教室**

- 催行 通年（雨天決行）
- 所要 6時間30分（8:30〜15:00） 送迎 あり
- ☎0980-89-2191
- MAP P.168 C-2
- 🚗離島ターミナルから車で35分 📍石垣市伊原間4-96 🕗8:00〜18:00 💴2万4750円。機材一式、飲み物、保険含む ※スタッフ撮影写真のDVDはオプション1100円、レンタカーの方は1100円引き Ｐあり

PADIの基準に従って、ダイビングの基本をていねいにレクチャー

# 遊覧飛行を楽しんで
## 沖縄の空と海を独り占め

エメラルドグリーンの海に囲まれた海中道路ロードパーク周辺を飛行。フライト場所はその日の風向きによって変わり、当日朝9時に決定する

## モーターパラグライダー

さわやかな潮風を浴び、高度200mをダイナミックに空中散歩。鳥の目線で沖縄の海を俯瞰しながら、抜群の開放感を楽しもう。

エンジン付きのパラグライダーで、沖縄の空を駆ける爽快なアクティビティ。白い砂浜からふわりと浮き上がり、安定した海風にのって高度200mを飛行する。ベテランパイロットと一緒に飛ぶタンデムフライトなので、未経験でも大丈夫。眼下には美しく透き通った海が広がり、大空を自由に飛翔する鳥になった気分で、大パノラマの絶景を堪能できる。

最大3機まで同時フライトが可能。友人や家族と一緒に飛んで、感動を共有しよう

飛行中は両手が自由に使えるので、カメラやスマホで上空からの風景を撮影できる

体感！絶景アドベンチャー

### INFORMATION

**ツアー催行会社**

**BLUE SKY**

催行 通年（気象状況による）
所要 フライト約10分（準備は5分程度） 送迎 なし
📞 098-942-3500
MAP P.41 D-1

交 北中城ICから約37km 所 中城村久場1943 営 受付9:00〜17:00(フライト時間10:00〜15:00) 料【地上200m】沖縄モーターパラグライダー遊覧飛行1万2000円。ガイド料、保険料、環境協力金含む ※現地にて現金支払いのみ P あり ※体重制限79kg以下、フライト場所は当日変更する場合がある

ハーネスとヘルメットを装着して、白砂のビーチから飛び立つ

## 素朴な水牛車がつなぐ
### 西表島と由布島の暮らし

約400m離れた西表島と由布島の間を、水牛車が行き来している。水深は満潮時でもわずか1mほどで、干潮時には歩いて渡ることも可能

# 由布島水牛車
ゆふじますいぎゅうしゃ

**水牛に引かれて浅瀬をのんびり進み、約15分で由布島に到着。目の前に広がるのどかな風景と、三線の音色に癒やされる。**

西表島の東岸に隣接する由布島は、周囲約2kmの小さな島。島全体が亜熱帯植物園として整備され、色とりどりの花で彩られている。西表島から由布島への移動手段は、南国情緒あふれる水牛車。潮風を感じながら水牛車で海を渡る貴重な体験ができる。御者による三線の演奏や地元の世間話も楽しみのひとつ。ゆったり流れる島時間にホッと心和む。

由布島にある水牛の池は、水牛たちの休憩場所。首まで水に浸かってくつろいでいる

由布島の水牛は人に慣れているためおとなしく、1頭ずつ名前がつけられている

体感！絶景アドベンチャー

## INFORMATION

**ツアー催行会社**
亜熱帯植物楽園由布島
催行 9:15始発以降、毎時2便で、西表島からが15:45、由布島からが16:30最終
所要 15分 送迎 あり
☎0980-85-5470
MAP P.169 E-4
交 大原港から車で20分、水牛車15分 所 竹富町古見689 営 9:15〜16:30 料 2000円、子供(小学生)1000円、幼児(小学生未満)無料(往復水牛車・入園料込み) P あり

西表島側の「旅人の駅」で乗車10分前までにチケットを購入

COLUMN

## 琉球王国の技を知る
# 沖縄の伝統工芸を体験しよう

沖縄の伝統工芸を体験できるスポットや魅力を紹介。
紅型、琉球ガラス、シーサーなど、自分だけのオリジナル作品を作ってみよう。

所要時間 約10分。作品の受け取りは体験翌日の14時以降

亜熱帯の自然を感じさせる
色とりどりのガラス作品

### 琉球ガラス
りゅうきゅうガラス

独特の気泡や美しい色合いが特徴のガラス工芸。戦後、米軍基地から出る廃瓶を原料に再生ガラスとして発展した。溶けたガラスに竿で息を吹き込み、自分だけの作品が作れる。

**てんぶす那覇**
てんぶすなは
那覇 MAP P.40 B-2

☎098-868-7810 交ゆいレール・牧志駅から徒歩5分 所那覇市牧志3-2-10 営9:00〜17:30(体験受付10:00〜16:00) 休第2・4月曜休館、工房は月曜 料琉球ガラス体験3850円、琉球びんがた体験1540円〜、琉球壺屋焼体験3240円 Pあり(有料)

沖縄の気候風土に育まれた
鮮明な色彩とデザインが素敵

### 紅型
びんがた

沖縄を代表する伝統的な染物。昔は王族や貴族の衣装に使われていたが、現在はポーチやバッグなどの生活雑貨にも用いられる。型紙と防染糊を使って、南国らしい鮮やかな図柄を染め上げよう。

所要時間 約40分〜2時間。作品は当日持ち帰り可能

**紅型キジムナー工房**
びんがたキジムナーこうぼう
名護 MAP P.88 B-4

☎0980-54-0701 交許田ICから約9km 所名護市宇茂佐178 営10:00〜17:00 休不定休 料紅型染め体験1500円〜 Pあり ※前日までの予約制

やちむんの素朴な風合いと
愛嬌あふれる表情が魅力

所要時間 約1時間〜1時間30分。仕上がりは最長で2カ月半後

### シーサー

独特の気泡や美しい色合いが特徴のガラス工芸。戦後、米軍基地から出る廃瓶を原料に再生ガラスとして発展した。溶けたガラスに竿で息を吹き込み、自分だけの作品が作れる。

**育陶園 壺屋焼
やちむん道場**
いくとうえん つぼややき やちむんどうじょう
那覇 MAP P.40 B-2

☎098-863-8611 交ゆいレール・牧志駅から徒歩13分 所那覇市壺屋1-22-33 営9:00〜17:30(体験受付10:00〜12:00、14:00〜16:00) 休無休 料シーサー作り体験4400円〜(要送料別途) Pなし

18

# 沖縄本島 那覇・南部

琉球王国時代より交易で栄え、首里城など史跡が残る沖縄の玄関口・那覇。風光明媚な景色が広がる南部の海岸線には、太平洋戦争の戦跡ほか、聖なる場所も点在。

沖縄県那覇市 MAP P.40 B-2

# 首里城公園
しゅりじょうこうえん

青空に映える荘厳な守礼門
夜は光に包まれて幻想的

**ハイビスカスの見頃**

5月下旬〜10月下旬

初夏から晩夏にかけて咲く。沖縄の青い海や空とのコントラストが美しく、県内7市町村の花にも指定されている。

那覇・南部

尚清王(しょうせいおう)時代に建立された中国風の牌楼(ぱいろう)様式の門。現在の門は再建されたものだが、鮮やかな朱色と優美なデザインは沖縄の象徴

> 那覇の街を見下ろす高台に建ち、琉球王国のシンボルとして往時の栄華を物語る首里城。
> 日本と中国の築城文化が融合した独特の建築様式や、ゆるやかな曲線を描く城壁が美しい。

1429年から1879年まで、450年にわたって存在した琉球王国。その王城として栄えた首里城は、王国の政治や外交、文化の中心地でもあった。昭和20年（1945）の沖縄戦で焼失後、平成4年（1992）に復元されたが、2019年の火災で再び焼失。現在は中核となる正殿の再建が進行中で、完成すれば威風堂々たる姿が蘇る。間近で眺めても美しいが、人工池の龍潭越しに見る首里城は格別。緑に囲まれた水辺の風景と壮麗な建築美が調和し、華やかな琉球王国時代の名残を感じさせる。

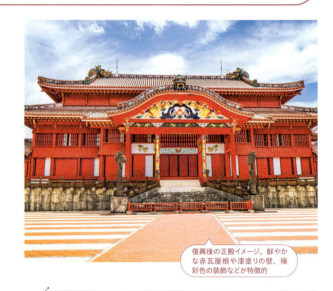

復興後の正殿イメージ。鮮やかな赤瓦屋根や漆塗りの壁、極彩色の装飾などが特徴的

## ACCESS
アクセス

那覇空港駅
↓ ゆいレールで40分
首里駅
↓ 徒歩15分
首里城公園

車の場合、那覇空港から国道331号線経由で国道58号線へ。泊交差点を右折、県道29号線を直進し首里方面へ。または、那覇空港駅からゆいレールで首里駅下車、徒歩15分。首里駅前バス停から路線バス利用なら首里城前バス停下車、徒歩1分で守礼門に到着する。

## INFORMATION
問い合わせ先

首里城公園管理センター
☎098-886-2020

## DATA
観光データ

所 那覇市首里金城町1-2 開 無料区域8:00〜18:30、有料区域8:30〜18:00（最終入場17:30）休 7月第1水曜とその翌日 有料区域入場料400円 P あり（有料）※季節によって変動あり。詳細は公式HPを要確認

## BEST TIME TO VISIT
訪れたい季節

3〜4月の沖縄は「うりずん」と呼ばれる季節。暑すぎず寒すぎず、晴れが多く観光に最適。

## 首里城の火災と復元

「見せる復興」をテーマに、変わりゆく正殿復元の様子を公開。

2019年10月の火災で正殿をはじめ9施設が焼失。現在は2026年の完成を目指し、正殿の再建が進められている。令和の最新技術により、琉球王国時代の建築が忠実に復元される予定。復興の現場は一般公開され、ガラス越しに作業の様子を見学できるほか、解説パネルや火災の残存物なども見ることができる。

1

2

3

1 木材倉庫・原寸場・素屋根では工事の進捗状況や職人の技を間近で見られる／2 解説員が公園内を有料で案内する「首里城60分ぐるっとツアー」の受付は首里杜館で行おう／3 園内は階段が多いので、歩きやすい靴がおすすめ。バリアフリーコースも設定あり

## あわせて訪れたい 首里城公園のスポット

首里城公園内には、450年にわたって栄えた王宮の機能や王族の暮らしぶりを伝える多くの建物が並ぶ。主要な建物や名所をいくつかピックアップしたい。

### 守礼門
しゅれいもん

**MAP** P.40 B-2

首里城の代表的な門。琉球王国の尚清王時代(1527～55) に創建された。2000円札の絵柄としても有名。別名を上の綾門といい、「上方にある美しい門」の意味。扁額に書かれた「守禮之邦」は、「琉球は礼節を重んずる国である」という意味。

琉球独特の**華麗な門**

朱塗りの門が多くの観光客を出迎えてくれる

### 歓会門
かんかいもん

**MAP** P.40 B-2

正門に名付けられた歓会とは、「来訪者を歓迎する」という意味。「あまへ御門」とも呼ばれ、「あまへ」は「喜ばしい」の意。アーチ状の門の上に木造の櫓を備える。

昼間とは異なる幻想的な雰囲気を楽しめる

首里城における**第1の正門**

ここから城郭の内部へ入ることができる

再建に向けての**様子を見学**

「見せる復興」をテーマに復元を進めている

### 木材倉庫・原寸場・素屋根
もくざいそうこ・げんすんば・すやね

**MAP** P.40 B-2

2019年に発生した火災の影響で焼失してしまった正殿の復元に使用される木材や、復元を支える職人たちの伝統の技が見られる。2023年8月には素屋根の見学エリアがオープン。

### 西のアザナ
にしのアザナ

**MAP** P.40 B-2

城郭の西側に設置された物見台(アザナ)。那覇市街から天気の良い日は慶良間諸島まで見晴らせる眺望スポット。守礼門と真逆の方向に位置する、首里城公園一帯を一望できる「東のアザナ」もおすすめ。

海や街の**眺望を楽しむ**

標高130mの高台から街を一望しよう

那覇・南部

沖縄県那覇市 MAP P.40 B-2

# 波上宮
なみのうえぐう

## 海を見渡す断崖にたたずむ
## 美しい社殿が蒼穹に映える

**観賞のポイント**

**波の上橋からの景色**
波打ち際に架かる「波の上橋」から、海と砂浜、社殿を一望。潮の満ち引きによっても見え方が変化する。

創建年代は不明だが、格式高い神社。琉球王国から特別の扱いを受けた「琉球八社」のなかで最高位を誇った

赤瓦屋根の拝殿前に、伝統衣装「琉装」の記念撮影パネルがあるので、ぜひ記念撮影を

水の神である竜神の口から聖水が流れ出る手水舎。ここで心身を清めてから参拝する

> 隆起したサンゴ礁の断崖に建つ社殿はまるで竜宮城。
> 地元では「なんみんさん」の呼び名で親しまれる神社。

はるか昔、琉球の人々は、海の彼方にある理想郷・ニライカナイの神々を信仰し、豊漁や豊穣を祈った。そんな祈りの聖地のひとつだったとされる断崖の端に、由緒ある神社が鎮座する。エメラルドグリーンの海と白砂のビーチに囲まれた崖上の本殿は、まるで竜宮城を思わせる美しさ。波上宮を正面に望む「波の上橋」が絶好のビューポイントだ。亜熱帯の植物が茂る境内も見どころが多い。狛犬ではなく、一対のシーサーに守られた赤瓦屋根の拝殿は、いかにも沖縄らしい趣を漂わせる。

那覇・南部

### ACCESS
アクセス

那覇空港駅
↓ ゆいレールで10分
旭橋駅
↓ 徒歩15分
波上宮

電車の場合、ゆいレール・てだこ浦西行で旭橋駅まで乗車後、徒歩15分。バスの場合、県庁前駅から1・2・5・45番系統の那覇バスで、西武門下車、徒歩3分。車の場合、那覇空港から10分ほどで到着。

### INFORMATION
問い合わせ先

📞 098-868-3697

### DATA
観光データ

所 那覇市若狭1丁目25-11 開休料 参拝自由 P 20台

### BEST TIME TO VISIT
訪れたい季節

波上宮はどのシーズンでも訪問可能だが、隣接する波の上ビーチで遊泳したい場合は夏が最適。また、遊泳期間は4〜10月の期間なので、例年5月16日に開催される「なんみん祭」に合わせて、訪れるのもおすすめ。国内外から参拝者が多いため、混雑を避けたいなら朝早くの参拝がおすすめ。

## 周辺のスポット

### 波の上ビーチ
なみのうえビーチ

MAP P.40 B-2

「波の上うみそら公園」内にある那覇市唯一のビーチ。更衣室とシャワー完備で便利なうえ、バーベキューやダイビングも楽しめる。

📞 098-863-7300（波の上うみそら公園） 🚗 若狭ICから約600m 所 那覇市若狭1-25 開 4〜10月 P あり

アクセス良好のタウン派ビーチ

波の上ビーチから波上宮を見ることもできる

沖縄県豊見城市 MAP P.40 A-3

# 豊崎美らSUNビーチ
とよさきちゅらサンビーチ

青い空、空港に発着する機影が見える
沖縄最大級の真砂のビーチ

遊泳期間
4〜
10月末

人工とは思えないほど澄みきった遊泳
ビーチエリア。クラゲネットが設置され、
ビーチ監視委員も常駐しているため、
安心して海水浴ができる

那覇空港から車で15分という好立地にあり、全長約700mの広大なビーチは県内でも珍しい。透明度抜群の美しい海で、海水浴はもちろん、さまざまなマリンスポーツも満喫したい。

全長約700mを誇る県内でも有数の人工ビーチ。遊泳ビーチエリアとマリンスポーツエリアに分かれ、真っ白に輝く砂浜と青く透き通った海が鮮やかなコントラストを描き出す。那覇空港のほど近くにあり、頭上を通過する大迫力の飛行機も見どころ。水平線に沈む幻想的な夕日も素晴らしい。あたり一帯は豊崎海浜公園として整備され、シャワーやロッカールームなどの設備が充実。公園の南端には映画『涙そうそう』のロケ地となった「兄(にぃ)ニィの丘」があり、海の向こうに岡波島(おかはじま)が望める。

夏は国内最大級の海上アスレチックが人気。ほかにも豊富なアクティビティが楽しめる

## ACCESS
アクセス

那覇空港
↓ 車で10分
豊見城・名嘉地IC
↓ 車で15分
豊崎美らSUNビーチ

高速道路を利用しない場合、那覇空港から小禄バイパスを南下で約15分。バスの場合、那覇空港から空港あしびなー線でイーアス沖縄豊崎まで行き、イーアス沖縄豊崎を抜けて徒歩5分。

## INFORMATION
問い合わせ先
豊崎美らSUNビーチ管理事務所
☎098-850-1139

## DATA
観光データ
所 豊見城市豊崎5-1 間 4～10月末 休 期間中無休 P 800台(1時間200円。11～4月は1時間100円)

## BEST TIME TO VISIT
訪れたい季節
遊泳期間は4～10月末となっているが、気温や水温を考慮すると、6月下旬から9月下旬頃が泳ぐのに適している。マリンアクティビティやBBQ場もシーズン中はオープンしているので、ぜひ活用したい。

## 豊崎海浜公園で遊ぼう！
スポーツやBBQなど楽しみ方いろいろ。芝生の上でピクニックも。

美らSUNビーチを中心に、芝生の広場やスポーツ施設などが集まる総合公園。ビーチサッカーやバスケットボールなどで汗を流したり、広い園内をのんびり散歩したり、思い思いのスタイルで一日中遊べる。潮風を感じながらバーベキューを楽しむのもおすすめ。一年を通して多彩なイベントも開催される。

1 美しいヤシ並木の先にビーチが見える／2 大人数でのパーティにも対応できる充実したバーベキュースペース／3 那覇空港を離発着する航空機も見られる／4 公園内は広いので、共有スペースのあずま屋で休憩できる

## あわせて訪れたい周辺のスポット

豊崎美らSUNビーチ周辺は、美しい海と豊富なアクティビティが楽しめるスポットが満載。家族連れやカップルにもおすすめのエリア。

### DMMかりゆし水族館
ディエムエムかりゆしすいぞくかん

MAP P.40 A-3

最新技術とふれあい体験が魅力の新感覚エンターテインメント水族館。自然と映像が調和する体験はここでしか味わえない。

☎098-996-4844(代表) 交那覇空港から約7km 所豊見城市豊崎3-35 イーアス沖縄豊崎内 時9:00～最終入館19:00 休無休 料入館2800円 Pあり ※開館日、営業時間は予告なく変更する場合がある

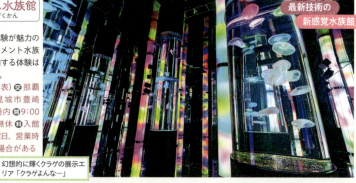

最新技術の新感覚水族館

幻想的に輝くクラゲの展示エリア「クラゲよんなー」

沖縄の街や首里城も再現

テニスコート13面分の精巧なミニチュア世界

### Little Universe OKINAWA
リトル ユニバース オキナワ

MAP P.40 A-3

18世紀の琉球王朝やアニメの作品など、1/80のミニチュア世界が広がる。自身のフィギュアやARが作成でき、住民権取得でミニチュア内に設置も可能。

☎0570-098-333 交那覇空港から約6km 所豊見城市豊崎3-35 イーアス沖縄豊崎アクアリウム棟3F 時11:00～19:00(土・日曜、祝日10:00～、最終入館18:30)、変更の場合あり 休無休 料2800円 Pあり

### 瀬長島ウミカジテラス
せながしまウミカジテラス

MAP P.40 A-3

地中海風の白い建物が特徴の瀬長島リゾート。制作体験や隣接の温泉「琉球温泉龍神の湯」も魅力。

☎098-851-7446 交那覇空港から6km 所豊見城市瀬長174-6 時10:00～21:00(店舗により異なる) 休無休 Pあり

日没後には毎日海をテーマにしたプロジェクションマッピングを放映

海風を感じながらショッピング

那覇空港至近の白亜のショッピングスポット

### 道の駅 いとまん
みちのえき いとまん

MAP P.40 A-3

那覇空港からも近く観光に便利な施設。物産センターやお魚センター、JAファーマーズなど5つの団体が集まる人気のスポット。

☎098-987-1277(情報案内カウンター) 交豊見城・名嘉地ICから約6km 所糸満市西崎町4-20-4 時9:00～18:00 休無休 Pあり

アミューズメントパークのような特産品の発信地

糸満市物産センター遊食来でおみやげを探す

那覇・南部

沖縄県南城市 MAP P.40 C-3

# ガンガラーの谷
ガンガラーのたに

太古の記憶が息づく亜熱帯の森
巨樹の生命力が圧倒する

## 観賞のポイント
### ツアーの注意事項
約1kmの距離を1時間20分ほどで進む。歩きやすい靴で、日焼け止めや虫除け対策を忘れずにしておこう。

那覇・南部

推定樹齢150年の大主(うふしゅ)ガジュマル。樹高約20mで、幾筋もの気根を谷底へ伸ばしている。威厳ある姿は神々しく、「森の賢者」とも称される

**鍾乳洞の崩壊によって生まれた亜熱帯の森。豊かな自然の営みが連綿と守り継がれてきた。植物が生い茂る濃密な森の中を歩けば、悠久の時間の流れと生命の力強さが感じられる。**

ガンガラーの谷は、数十万年前の鍾乳洞が崩れてできた太古の谷。広さ約1万4500坪、歩行距離約1kmに及び、足を踏み入れると異世界に迷い込んだような雰囲気に包まれる。独特の地形に多様な樹木が根を張り、大きく枝葉を広げ、亜熱帯の森を形成。森の番人を思わせる巨樹・大主ガジュマルをはじめ、人々が祈りを捧げる洞窟、今も古代人の痕跡を探し求めて発掘が続く場所など、興味深いスポットが点在する。予約定員制のガイドツアーでのみ見学できる。

ツアーの出発地点となる鍾乳洞。2万3000年前の釣り針が発見された場所でもある

### ACCESS
**アクセス**

那覇空港
↓ 車で20分
南風原南IC
↓ 車で10分
ガンガラーの谷

車の場合、沖縄自動車道・南風原南ICで下りて10分。バスの場合、那覇バスターミナルから54・83番系統の琉球バスで玉泉洞前まで行き、徒歩3分。

### INFORMATION
**問い合わせ先**

098-948-4192

### DATA
**観光データ**

所 南城市玉城前川202 開 9:00～16:00(電話受付は～17:30) ツアー催行時間は10:00、12:00、14:00、16:00(所要1時間20分) 休 無休 料 2500円 P 30台

### BEST TIME TO VISIT
**訪れたい季節**

1～4月頃が、涼しくて歩きやすい時期。特に4月の梅雨前は若葉の時期としておすすめ。雨のときは濡れた木々や葉が潤い、緑がいっそう引き立つ。雨ガッパを着て散策したい。

## ガイドと歩くガンガラーの谷

**ガイドツアーに参加して亜熱帯の森を散策。**

太古の谷に広がる豊かな自然のなかをガイドと一緒に歩くツアー。出発場所の鍾乳洞を抜け、亜熱帯植物が茂る谷を巡りながら、神聖な祈りの場であるイナグ洞やイキガ洞、古代人の生活跡が残る武芸洞などを散策。旧石器時代の人類・港川人の発見場所も近くにあり、壮大な歴史ロマンを体感できる。

1

2

1 鬱蒼と茂る植物を見ながら、谷間に広がる森の中を進もう／2 ツアーのゴール地点「武芸洞」。今も発掘が続く遺跡でもあり、約2500年前の石棺墓などが見つかっている

# あわせて訪れたい周辺のスポット

自然の神秘や歴史が楽しめる魅力的なスポットが点在。
癒やしと発見が詰まったエリアを満喫しよう!

## おきなわワールド 文化王国・玉泉洞
おきなわワールドぶんかおうこく・ぎょくせんどう

**MAP** P.40 C-3

100万本以上の鍾乳石を擁する国内最大級の鍾乳洞。全長5kmのうち890mを公開。多彩な鍾乳石や、洞窟内を流れる地下川の水の音など、非日常の地底空間に癒される。

📞098-949-7421(おきなわワールド 文化王国・玉泉洞) 🚗南風原南ICから約6km 🏠南城市玉城前川1336 🕘9:00〜17:30(最終受付16:00) 🚫無休 💴2000円 🅿あり

地下に広がる 幻想世界

地下川と鍾乳石が織りなす神秘的な景観

## 奥武島
おうじま

**MAP** P.40 C-3

周囲約1.6kmの小島で、本島とは150mの橋で行き来できる。鮮魚店や沖縄天ぷらの店が並ぶ。

📞098-917-5387(南城市役所観光商工課) 🚗南風原南ICから約10km 🏠南城市玉城奥武

夏の到来を告げるトビイカの天日干し

## 浜辺の茶屋
はまべのちゃや

**MAP** P.40 C-3

大きな窓が開放された店内で、遠浅の海を眺めながら潮風を感じつつ、軽食や手作りケーキ、コーヒーを楽しめる。

📞098-948-2073 🚗南風原南ICから約12km 🏠南城市玉城字玉城2-1 🕘現在リニューアル工事中。最新情報は公式HPおよび各種SNSを確認 🅿あり

海神祭の ハーリーが有名

奥武島の神聖な祈りの岩、竜宮神

波打ち際の ロケーション

天気の良い日はテラスでのんびり海を眺めたい

## 山の茶屋 楽水
やまのちゃややらくすい

**MAP** P.40 C-3

自然の岩肌を利用したダイナミックな空間が魅力の店内。地産地消の沖縄料理をメインに楽しめる体にやさしいレストラン。

📞098-948-1227 🚗南風原南ICから約12km 🏠南城市玉城字玉城19-1 🕘11:00〜15:00(LO14:00) 🚫水・木曜 🅿あり

山小屋で海を望みつつ 自然食を堪能

森の中のテラス席。マイナスイオンたっぷり

那覇・南部

沖縄県南城市 MAP P.41 D-3

# ニライ橋・カナイ橋
ニライばし・カナイばし

ダイナミックな曲線を描く天空の橋と
太平洋の大パノラマが広がる

**観賞のポイント**

**頂上に展望台がある**
橋の頂上付近にあるトンネルの上が展望台になっており、橋と海が織りなす雄大な風景を一望できる。

那覇・南部

トンネル上にある展望台からの景色。急カーブを描く橋の向こうに美しい海が広がり、人工物と自然の融合が独特の景観を生み出している

> 県道86号の途中にあるニライ橋・カナイ橋は、太平洋の絶景を望む爽快なドライブルート。橋の片側には歩道も整備されており、のんびり歩きながら海を眺めるのもおすすめ。

海に向かって大胆にカーブを描く全長660mのニライ橋・カナイ橋。高低差80mの断崖の上下をゆるやかに結ぶため、ヘアピン状に折り返す独特の形状となっている。県道86号から国道331号へ向かう坂道の途中にあり、眺望抜群のドライブルートとして有名。坂を下りながらカーブを曲がると、コバルトブルーに輝く海の絶景が目に飛び込んでくる。橋と海を一緒に眺めたいなら、頂上付近にあるトンネルの上の展望台へ。眼下に橋の全景と太平洋を望み、晴れた日は知念岬や久高島が見渡せる。

知念岬から見えるニライカナイ橋。高低差の激しい山の急斜面に橋が築かれている

## ACCESS
アクセス

那覇空港
↓ 車で18分
南風原北IC
↓ 車で22分
ニライ橋・カナイ橋

県道86号線から国道331号線への下り坂に架かる橋。国道331号線からだと、吉富交差点を山側に少し走るとニライ橋・カナイ橋が見えてくる。展望台へは県道86号線の山側からも行ける。

## INFORMATION
問い合わせ先
南城市観光協会 ☎098-948-4660

## DATA
観光データ
所 南城市知念　料 通行自由　P なし

## BEST TIME TO VISIT
訪れたい季節

ニライ橋・カナイ橋はオールシーズン訪れることができるが、暑くない春や秋が快適でおすすめ。歩道が併設されており、海風を感じながらの散策も楽しい。サイクリングコースとしても人気で、体力のある人は、知念岬まで行ってみては。車の場合、橋の上は駐車禁止なので注意が必要。

## ニライ橋・カナイ橋の由来

**理想郷の名にふさわしい、2つの橋が連なる絶景ロード。**

ニライカナイとは、沖縄地方に伝わる海の彼方の理想郷のこと。そんな美しい名を冠したこの橋は、ニライ橋・カナイ橋の2つが連結していることから、ニライカナイ橋と呼ばれる。海の方向へ下っていくと、カーブの先に海と空の大パノラマが出現。まさにニライカナイの世界へ導かれているような気分になる。

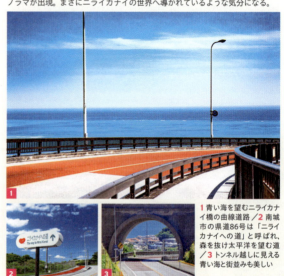

1 青い海を望むニライカナイ橋の曲線道路／2 南城市の県道86号は「ニライカナイへの道」と呼ばれ、森を抜け太平洋を望む道／3 トンネル越しに見える青い海と街並みも美しい

## あわせて訪れたい周辺のスポット

ドライブにも最適なニライカナイ橋近くには、沖縄の自然や歴史を楽しめるスポットが満載。絶景と沖縄文化を体験できる。

### あざまサンサンビーチ
あざまサンサンビーチ
**MAP** P.41 D-3

知念半島の安座真港に隣接し、久高島などを望む。あずま屋や設備が整っているので、子ども連れも安心。

📞098-948-3521 🚗南風原北ICから約16km 📍南城市知念安座真 🕐10:00～17:30(7・8月は～18:30) 遊泳期間4～10月10:00～17:00(7～8月は～17:30) 休期間中無休 Pあり(有料)

バナナボートで渡るウカビ島の散策も人気

高台から海を見下ろしシェフの料理を味わう

人気のテラス席。エメラルドブルーの海を見渡せる

南部屈指の大型ビーチ

### カフェくるくま
カフェくるくま
**MAP** P.41 D-3

高台から太平洋を一望できるカフェ。自社農場で栽培されたハーブやスパイス、地元の旬の食材を使った本場のエスニック料理が食べられる。

📞098-949-1189 🚗南風原北ICから約15km 📍南城市知念字知念1190 🕐10:00～16:00(LO) 土・日曜、祝日10:00～17:00(LO) 休水曜(祝日の場合は営業) Pあり

白い砂浜と青い海に映える木製ブランコ

### 知念岬公園
ちねんみさきこうえん
**MAP** P.41 D-3

知念岬東端の景勝地。遊歩道を歩いて岬の突端まで行くと、よりワイドな海の眺望を楽しむことができる。

📞098-948-4660(南城市観光協会) 🚗南風原北ICから約16km 📍南城市知念久手堅 🕐料見学自由 Pあり

駐車場から岬の端へは徒歩5分

海風が心地よい絶景ポイント

神聖な空気が流れる聖地

### 斎場御嶽
せーふぁうたき
**MAP** P.41 D-3

沖縄にある御嶽のなかでも、最高位の聖地・斎場御嶽。鬱蒼とした緑の森と巨岩が、御嶽全体に神秘的な雰囲気を醸し出している。

📞098-949-1899(緑の館・セーファ) 🚗南風原北ICから約16km 📍南城市知念久手堅 🕐9:00～18:00(11～2月は～17:30)、入場は30分前まで 休旧暦の5月1～3日、10月1～3日(年によって変動あり) 料300円 P南城市地域物産館駐車場利用

安全と聖域保全のため、立ち入り制限あり

那覇・南部

沖縄県糸満市 MAP P.40 B-4

# 喜屋武岬
きゃんみさき

本島南西端に突き出す削壁
平和への祈りを込めて

**観賞のポイント**
**180度のパノラマ**
「ほぼ本島最南端」に位置する岬ならではの壮大なパノラマの海。ぐるりと広がる水平線を眺めて開放感に包まれよう。

沖縄本島最南端の荒崎にほど近い景勝地。断崖絶壁から望む180度の海景色は、東シナ海と太平洋の分岐点にあたる。戦時中に多くの犠牲者を生んだ悲しい歴史を持つ場所でもある。

喜屋武岬は波の浸食を受けた岩が連なる独特の地形で、本島最南端の荒崎とともに国指定名勝・天然記念物に指定されている。高さ20mほどの断崖に灯台が立ち、見晴らしの良い休憩所もある。最大の魅力は180度に広がる大海原のパノラマビュー。どこまでも続くかのような東シナ海と太平洋の眺望を楽しもう。

沖縄戦の際に多くの人々が自決に追い込まれた地としても知られ、岬の先端には犠牲者を慰霊する「平和の塔」が立つ。美しい景観を目に焼きつけるとともに、平和の尊さも心に刻みたい。

2021年に建てられた休憩所は、三角の壁で「合掌」を表現。2022年グッドデザイン賞を受賞

海に向かって左手に突き出た岬が沖縄本島最南端の荒崎。太平洋と東シナ海はここを境に分かれる

### ACCESS
アクセス

那覇空港
↓ 車で約10分
豊見城・名嘉地IC
↓ 車で約30分
喜屋武岬

車の場合、県道331号線を南下し約40分。バスの場合、那覇空港から189番線のバスに乗り、糸満ロータリーで107・108番線に乗り換え、喜屋武バス停まで行き、徒歩15分。

### INFORMATION
問い合わせ先

糸満市観光・スポーツ振興課
☎ 098-840-8135

### DATA
観光データ

所 糸満市喜屋武 開休料 見学自由 P 15台

### BEST TIME TO VISIT
訪れたい季節

おすすめの時期は、春(3～5月)と秋(9～11月)。春は穏やかな気候で、心地よい風を感じながら景色を楽しめる。秋は観光客も比較的少なく、静かに絶景を堪能できる。夏は青い海が美しく、冬は空気が澄んで遠くまで見渡すことができるが、強風の日もあるため注意が必要。また、4～6月と9～10月にはハブが出る可能性もあるので気をつけよう。

那覇・南部

展望ポイントの近くに立つ喜屋武埼灯台。1972年、沖縄県初の大型灯台として建てられた

## 周辺のスポット

海に面して立つ「平和の塔」。付近に散在していた戦没者の遺骨1万柱以上が納められている

ひめゆり学徒の体験を知る

ひめゆりの塔とひめゆり平和祈念資料館

**ひめゆりの塔・
ひめゆり平和祈念資料館**
ひめゆりのとう・ひめゆりへいわきねんしりょうかん

MAP P.40 B-4

沖縄戦で亡くなったひめゆり学徒の慰霊碑。併設の資料館では、映像や資料などを通してひめゆり学徒隊の戦争体験を伝える。

☎ 098-997-2100 交 豊見城・名嘉地ICから約12km 所 糸満市伊原671-1 開 資料館9:00～17:25(入場は～17:30) 休 無休 料 無料(資料館450円) P なし

写真提供:ひめゆり平和祈念資料館

39

# エリアガイド

## 琉球王国時代から今日に至るまで沖縄の中心地として栄える

　那覇は、那覇空港から車で10分ほどの場所に広がる一大商業地。約1.6km延びるメイン通りの国際通りは、日夜多くの旅行者で賑わいをみせる。県内最大の市場で、70年以上の歴史を持つ那覇市第一牧志公設市場もすぐ近くだ。世界遺産の首里城があるのは市街地の東。城内の高台、東のアザナ、西のアザナからは那覇の街を一望できる。周辺は公園として整備されており、玉陵、首里金城町石畳道など、琉球王国時代の遺跡が残る。

　本島南部には、平和祈念公園、ひめゆりの塔など、沖縄戦の悲劇を伝え平和を祈念するスポットが数多く点在する。

### 交通 information

**街巡りのポイント**
首里城〜国際通り、牧志市場など、市街中心部は徒歩での散策でもOK。

●ゆいレール
那覇空港駅からてだこ浦西駅（浦添市）を結ぶ全長約17kmの路線。那覇市内の移動に便利で、観光名所の国際通りは県庁前駅や牧志駅、首里城は首里駅が最寄り駅だ。

●タクシー
初乗りは小型で600円。那覇空港から那覇市街や南部エリアなど近距離の移動ならタクシーを使うのもよい。料金の目安は、那覇空港〜国際通りが1300〜1700円（所要約10分）。

●路線バス
那覇を走る20番未満の番号の「市内線」は、一部を除き運賃は一律260円。20番以上の「市外線」も那覇市内は均一運賃。運賃は前払い（一部路線では異なる場合も）。本島南部では、糸満バスターミナルを起点に、南部各地へ路線網が広がっているが、本数は少ない。

●レンタサイクル
那覇市内には、いくつかのレンタサイクル店がある。また、ポタリング（自転車散策）ツアーを利用した観光もおすすめだ。
琉Qレンタサイクル ☎098-836-5023 ⌂那覇市牧志3-18-13 1F https://cycle.sunnyday.jp/rental/

**問い合わせ先**
那覇市観光案内所
☎098-868-4887 ゆいレール・牧志駅から徒歩6分
⌂那覇市牧志3-2-10 テンプス那覇 9:00〜19:00 不定休

糸数アブチラガマ案内センター
☎098-852-6208 那覇空港から車で40分 南城市玉城糸数667-1 9:00〜17:00 無休

# TRAVEL PLAN

首里城公園周辺は、琉球王国の歴史を知ることのできるスポットが豊富。
古都の魅力を感じつつ、おみやげも忘れずに購入しよう!

### 首里城公園
しゅりじょうこうえん
**MAP** P.40 B-2
➡ P.20

琉球王国の中枢であった首里城公園を見学

## COURSE

| 10:00 | 首里駅 |
|---|---|
| | ↓ 徒歩15分 |
| 10:15 | 首里城公園 |
| | ↓ 徒歩2分 |
| 12:00 | 玉陵 |
| | ↓ 徒歩9分 |
| 12:30 | 首里金城町石畳道 |
| | ↓ 車で11分 |
| 13:30 | 識名園 |
| | ↓ 車で22分 |
| 14:30 | 福州園 |
| | ↓ 車で7分 |
| 15:30 | 国際通り |
| | ↓ 徒歩3分 |
| 17:00 | 県庁前駅 |

### 宮殿風の巨大陵墓

券売所の地下に資料館を併設する

### 玉陵
たまうどぅん
**MAP** P.40 B-2

1501年に尚真王が父のために築いて以来、歴代国王の陵墓となった。墓室は3室あり、王と王妃や限られた親族が眠る。
☎098-885-2861 ❏ゆいレール・首里駅から徒歩20分 ❏那覇市首里金城町1-3 ❏9:00～18:00(入場は～17:30) ❏無休 ❏300円 ❏あり

### 首里金城町石畳道
しゅりきんじょうちょういしだたみみち
**MAP** P.40 B-2

16世紀の琉球王国時代の石畳道。沖縄戦により一部のみが残り、首里城から那覇港へ通じる道として「日本の道百選」に選定。
☎098-917-3501(那覇市文化財課) ❏石畳入口バス停下車、徒歩1分 ❏那覇市首里金城町 ❏見学自由 ❏なし

### 城下町に残る風情ある道

分岐点に立つ魔除け石「石敢當(いしがんとう)」

### 中国と日本、琉球の様式が見られる

園内の石橋や六角堂などは、中国風の様式が取り入れられている

### 識名園
しきなえん
**MAP** P.40 B-2

琉球王家最大の別邸で、1799年に造営された回遊式庭園。冊封使の接待に利用された。
☎098-855-5936(識名園管理事務局) ❏識名園前バス停下車、徒歩1分 ❏那覇市真地421-7 ❏9:00～18:00(10～3月は～17:30)入園は各閉園30分前まで ❏水曜(祝日の場合は翌日) ❏400円 ❏あり

## LUNCH

### 沖縄の食文化に出会える店
### 首里いろは庭
しゅりいろはてい
**MAP** P.40 B-2

手作りの沖縄料理全18品を堪能できる贅沢な守礼定食

☎098-885-3666 ❏ゆいレール・首里駅から車で8分 ❏那覇市首里金城町3-34-5 ❏11:30～15:00(LO)、18:00～21:00(LO) ❏水曜(祝日の場合は営業) ❏あり

### 福州園
ふくしゅうえん
**MAP** P.40 B-2

中国福建省福州市の素材を用いた福州式庭園。歩きながら新たな景色や美しい造形を楽しめるアートな空間でもある。
☎098-869-5384(福州園管理事務所) ❏久米孔子廟前バス停下車、徒歩5分 ❏那覇市久米2-29-19 ❏9:00～21:00 ❏水曜日(祝日の場合は翌日) ❏200円、18時以降300円 ❏あり

### 時間帯によって見える景色が変わる

撮影ポイントが随所にあり、園全体がフォトスポット

### 国際通り
こくさいどおり

那覇のメインストリート。おみやげにグルメに楽しめる

# TRAVEL PLAN

聖地・斎場御嶽を起点に、自然と歴史が息づくドライブコースを堪能!
島内南部エリアの人気観光スポットが集まる。

### 斎場御嶽
せーふぁうたき

**MAP** P.41 D-3

琉球神話にも登場する、沖縄で最も重要な聖地。森に点在する拝所を巡る。

→ P.37

**心地よい海風に吹かれながらの散策**

**国家的祭祀が行われた聖地**

森の中を神聖な空気が流れる

太平洋の絶景を望める

### 知念岬公園
ちねんみさきこうえん

**MAP** P.41 D-3

知念岬の東端に位置する景勝地。沖合に久高島やコマカ島を望むことができる。公園近くのニライ橋・カナイ橋も人気絶景スポット。

→ P.37

## COURSE

| | |
|---|---|
| 9:00 | 那覇空港 |
| ↓ | 車で50分 |
| 9:50 | 斎場御嶽 |
| ↓ | 車で5分 |
| 12:00 | 知念岬公園 |
| ↓ | 車で4分 |
| 12:30 | ニライ橋・カナイ橋 |
| ↓ | 車で18分 |
| 13:00 | おきなわワールド<br>文化王国・玉泉洞 |
| ↓ | 車で10分 |
| 14:00 | 奥武島 |
| ↓ | 車で15分 |
| 16:00 | 平和祈念公園 |
| ↓ | 車で23分 |
| 17:30 | 豊見城・名嘉地IC |

### ニライ橋・カナイ橋
ニライばし・カナイばし

**MAP** P.41 D-3   → P.34

大きくU字にカーブした橋の上から、太平洋のパノラマを一望できる

那覇・南部

**自然と文化をまるごと体感**

### 🍴 LUNCH

**もずく漁師が営む天ぷら店**

### 元祖中本鮮魚てんぷら店
がんそなかもとせんぎょてんぷらてん

**MAP** P.40 C-3

種類も豊富な天ぷらは100円〜と格安で食べられる

☎098-948-3583 / 南風原南ICから約10km / 南城市玉城奥武9 / 10:30〜18:00 / 休木曜 / P あり

### おきなわワールド
### 文化王国・玉泉洞
おきなわワールドぶんかおうこく・ぎょくせんどう

**MAP** P.40 C-3

沖縄の魅力が一堂に揃う観光テーマパーク。鍾乳洞である玉泉洞をはじめ、スーパーエイサーなどのアトラクションも人気だ。

→ P.33

大人気のハブとマングースのショーは必見

### 奥武島
おうじま   → P.33

**MAP** P.40 C-3

島の漁港に揚がる鮮魚が味わえる

### 平和祈念公園
へいわきねんこうえん

**MAP** P.40 B-4

沖縄戦最大の激戦地・糸満市摩文仁にある平和公園。慰霊塔や資料館、平和の礎など平和を祈る施設が整備されている。

☎098-997-2765 / 豊見城・名嘉地ICから約14km / 糸満市摩文仁 / 8:00〜22:00 / 無休 / 料無料 / P あり

**平和の願いが込められた地**

沖縄戦終焉の地にある。毎年6月23日には戦没者追悼式を開催

43

## 海沿いの個性派ホテルに注目

# 絶景ホテルガイド①

那覇の市街地には大小のホテルが集まり、海沿いには洗練されたホテルが増えている。静かな東海岸にも趣向を凝らした宿が点在し、海を眺めながら優雅に滞在できる。

### 空港から一番近い島でリゾート体験を満喫

#### STORYLINE 瀬長島
ストーリーライン せながしま

瀬長島にオープンした東急ホテルズの新ブランドホテル。人気観光地としても知られる商業施設「瀬長島ウミカジテラス」(→P.29)のほぼ隣接地に位置し、海辺のアーバンリゾートが楽しめる。

豊見城 **MAP** P.40 A-3

☎098-988-0109 ✈那覇空港から約4.5km 🏠豊見城市瀬長155-1 🛏15:00 🚪11:00 💴1泊朝食付2万2600円～(2人) 🅿あり

最上階のルーフトップにあるインフィニティプールと屋外温泉スパ

### モロッコの調度品で彩られた異国情緒あふれる隠れ家ホテル

#### Riad Lamp
リヤド ランプ

モロッコの邸宅をイメージした全5室の小さなホテル。全客室からも海が見渡せる。モロッコ・ネクタローム社の製品を使ったスパも見逃せない。

南城 **MAP** P.41 D-3

☎098-943-4294 ✈那覇空港から車で50分／南風原南ICから車で約25分 🏠南城市知念久手堅415 🛏15:00 🚪11:00 💴1泊2食付 平日2万4000円～ 休前日2万7000円 🅿あり

### 琉球神話の地・百名にたたずむ和琉の宿

#### 百名伽藍
ひゃくながらん

琉球創世神話の舞台「百名」にたたずむホテル。赤瓦や琉球石灰岩など沖縄の素材を用いた和琉様式の建築。回廊がめぐる館内にはガジュマルの中庭が広がり、光と風が心地よいくつろぎの空間を演出する。

南城 **MAP** P.40 C-3

☎098-949-1011 ✈南風原南ICから約10km 🏠南城市玉城百名山下原1299-1 🛏15:00 🚪11:00 💴1泊2食付6万500円～ 🅿あり

優雅なインフィニティプールから、知念ブルーの海を一望

最上階の貸切露天風呂からは絶景を望める。宿泊者は無料で利用可能

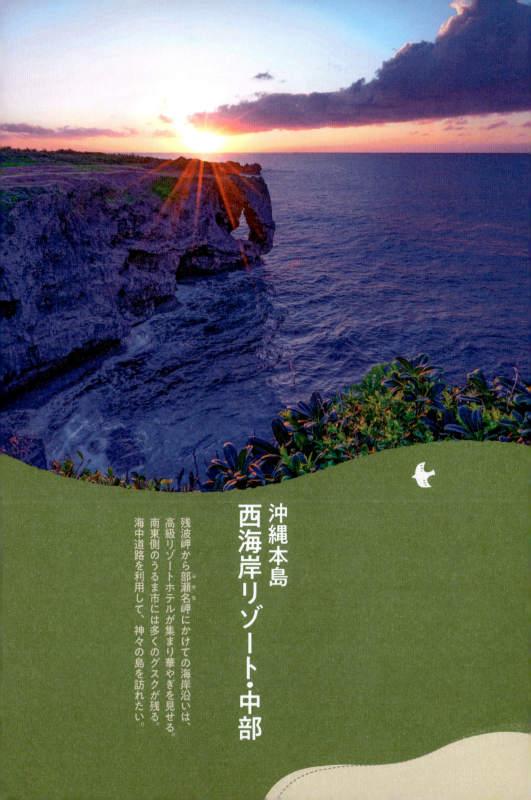

# 沖縄本島
## 西海岸リゾート・中部

残波岬から部瀬名岬にかけての海岸沿いは、高級リゾートホテルが集まり華やぎを見せる。南東側のうるま市には多くのグスクが残る。海中道路を利用して、神々の島を訪れたい。

沖縄県読谷村  P.64 A-2

# 残波岬
ざんぱみさき

白亜の灯台が立つ断崖に寄せる波
沈む夕日に息をのむ

観賞のポイント

**残波岬の夕日**

東シナ海へ突き出た形。沖縄本島で最後に夕日が沈む場所といわれ、夕方になると多くの人が絶景を求めて訪れる。

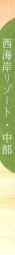

西海岸リゾート・中部

灯台には展望台が設置されている。日没時間以前に閉まるため灯台から夕日を見ることはできないが、赤く染まる空と海、灯台のシルエットを堪能したい

> 沖縄で唯一、灯台の上から楽しめる360度のパノラマビュー。快晴なら慶良間諸島も望める。
> 白亜の灯台の美しいたたずまいと、断崖を打つ波しぶきの迫力を感じながら散策しよう。

高さ30mもの隆起サンゴの断崖が約2kmにわたって続く岬。穏やかな海が多い沖縄では珍しく、岩肌に波が打ちつけしぶきをあげる勇壮な景観が楽しめる。岬の先端に立つ高さ31mの残波岬灯台は、国内に16基しかない「上れる灯台」のひとつ。灯台上には360度の大パノラマが望める展望台があり、晴れた日には慶良間諸島まで見渡せる。岬一帯は沖縄海岸国定公園に指定されており、整備された遊歩道を散策するのも楽しい。公園内にはBBQ施設やカフェ、白砂が美しい残波ビーチなどがある。

紺碧の海と白い灯台とのコントラストが美しい。周囲には豊かなサンゴ礁が広がる

## ACCESS
アクセス

那覇空港
↓ 車で46分
石川IC
↓ 車で20分
残波岬灯台

車の場合、沖縄自動車道を利用し、石川ICで降りる。バスの場合、那覇バスターミナルから28番系統の路線バスで1時間30分、読谷バスターミナル下車、徒歩45分。

## INFORMATION
問い合わせ先

公益社団法人「燈光会」残波岬支所
☎098-958-3041

## DATA
観光データ

所 読谷村宇座1233 開 9:30～16:30(3～9月の土・日曜は～17:30)、入場は各20分前まで 休 悪天候(公式サイトを要確認) 料 300円 P 残波岬公園駐車場・普通車500台

## BEST TIME TO VISIT
訪れたい季節

残波岬灯台を訪れる最適な時期は、空気が澄んでいて美しい夕日を見ることができる、冬や春といわれている。夏は19時頃、冬は17～18時が撮影に最適。天気にかなり左右されるので、雲がない晴れた日に行きたい。

## 泰期像と読谷村の歴史

**中国との貿易の歴史を後世に伝えるモニュメント。**

読谷村は琉球王朝時代、中国との貿易で栄えた。残波岬公園内には、その歴史を伝えるために制作された「残波大獅子」があり、中国の方向を見据えている。また、中国へ5回渡り貿易の立役者となった泰期の像も立つ。毎年10月に開催される「読谷まつり」では、泰期を讃えて創作劇などが行われる。

1 残波岬公園の入口には巨大なシーサーが立ち、進貢使が乗った進貢船をイメージした建物(奥)も目を引く / 2 残波岬公園内には泰期像もある。平成20年(2008)、15年の歳月をかけ完成。中国福建省の方向を指している

## あわせて訪れたい周辺のスポット

沖縄らしさ満点! 残波岬の灯台や海岸の絶景とともに
アクティビティを満喫しよう。

### 座喜味城跡
ざきみじょうあと
**MAP** P.64 A-3

15世紀初頭に護佐丸によって築城された。楔石が使われた城郭のアーチ門は沖縄に現存する最古のものといわれる。
☎098-958-3141(世界遺産座喜味城跡ユンタンザミュージアム) 交石川ICから約13km 所読谷村座喜味708-6 開休料見学自由 Pあり

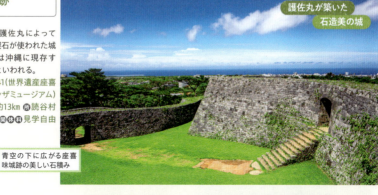

護佐丸が築いた石造美の城

青空の下に広がる座喜味城跡の美しい石積み

### 琉球村
りゅうきゅうむら
**MAP** P.64 A-3

築80〜200年の古民家を移築したテーマパーク。琉球衣装やシーサー体験、エイサー鑑賞も楽しめ、雨天でも安心。
☎098-965-1234 交石川ICから約7km 所恩納村山田1130 開9:30〜17:00(最終受付16:00) 休無休 料2000円 Pあり

琉球衣装で撮影も可能(有料)

ぬくもりあふれる焼き物を入手

沖縄らしい赤瓦の読谷山焼共同窯が里の中心に

昔の沖縄にタイムスリップ

エイサーショーは1日4回開催される

### やちむんの里
やちむんのさと
**MAP** P.64 A-3

登り窯があるやちむんの里や陶芸家が点在する読谷村で伝統や文化、気質にふれる。
☎なし 交沖縄南ICから約13km 所読谷村座喜味2653-1 開休料各工房へ直接問い合わせ

### 残波ビーチ
ざんぱビーチ
**MAP** P.64 A-2

大きなサンゴ礁に守られ、穏やかな波と夕日の絶景が魅力のビーチ。海上アスレチックやマリンメニューも豊富で誰でも遊泳可能。
☎098-958-3833(ビーチハウス) 交石川ICから約13km 所読谷村宇座1933 開見学自由 Pあり

太陽と海が輝くビーチ

白砂と青いパラソルが映える南国リゾートビーチ

西海岸リゾート・中部

49

沖縄県恩納村 MAP P.64 A-2

# 真栄田岬
まえだみさき

「青の洞窟」がある景勝地
サンゴ礁の海がきらめく

**観賞のポイント**
**展望台からの絶景**
透明度抜群の海が最大の魅力。エメラルドグリーンとコバルトブルーのグラデーションが見事。

マリンアクティビティの人気スポット「青の洞窟」で知られる岬。透き通るサンゴ礁の海の眺めを展望台で存分に楽しんだら、海岸まで下りて波音と海風を間近で感じたい。

東シナ海へ三角形に突き出た真栄田岬では、起伏に富んだ隆起サンゴの断崖とグラデーションの海が織りなすダイナミックな景観が楽しめる。2〜3月頃には沖合を泳ぐザトウクジラが見られることも。岬先端部の憩いの広場に立つ展望台のあずま屋で眺望を堪能してから、遊歩道の階段を通って海岸近くまで下りてみるのがおすすめ。沖縄本島屈指の透明度を誇る海はシュノーケリングやダイビングを楽しむ人々で賑わう。なかでも崖下にある「青の洞窟」は、太陽光の反射により海面が青く輝いて見える人気スポット。

シュノーケリング＆ダイビングスポットとして名高く、色とりどりの熱帯魚が生息する

展望台の脇から遊歩道を抜けると、海岸により近いところで絶景を味わえる。アクティビティを楽しむ人々の姿も

## ACCESS
アクセス

- 那覇空港
- ↓ 車で46分
- 石川IC
- ↓ 車で11分
- 真栄田岬

車の場合、沖縄自動車道・石川ICから国道58号、県道6号経由。バスの場合、那覇バスターミナルから20・120番の路線バスで山田まで行き、48番の路線バスに乗り換え、真栄田下車、徒歩10分。

## INFORMATION
問い合わせ先

真栄田岬管理事務所
098-982-5339

## DATA
観光データ

所 恩納村真栄田469-1 開休料 見学自由 P 真栄田岬公営駐車場・普通車180台(有料)

## BEST TIME TO VISIT
訪れたい季節

6〜9月は南風で海況が穏やかな日が多い。特に7〜8月は水温が高く、天気も晴れる日が多いので、ダイビングやシュノーケリングに最適。青の洞窟も楽しめるが、ハイシーズンは混雑するため時期を調整したい。2〜3月にはザトウクジラが見える可能性もある。

西海岸リゾート・中部

中央に映るのが展望台であるあずま屋。真栄田岬は標高約50mで、遠く沖合まで見渡せる

展望台のあずま屋から、隆起した岩と穏やかな海を望む。西に残波岬、北東に万座毛も見える

## 周辺のスポット

### 青の洞窟
あおのどうくつ

MAP P.64 A-2

真栄田岬の「青の洞窟」は太陽光が海底に反射する神秘的なスポット。シュノーケルやダイビングが楽しめ、アクセスも良好で旅に最適。

🚾 なし 交 石川ICから約7km 所 恩納村真栄田469-1 開休料 要ツアー参加 P あり

神秘的に輝く
青の美ら海

周辺の海域は透明度が高いことでも有名

沖縄県恩納村 MAP P.64 B-2

# 万座毛
まんざもう

輝くマリンブルーに奇岩・巨岩
自然が南の海で見せるいたずら

切り立った断崖絶壁が長い時間をかけて波に浸食され、ゾウの鼻のような形状が偶然生み出された。自然のパワーを感じる景観

夕日の美しいスポットとしても有名。チケットは一日有効なため、昼と夕方の2度訪れるのもいい

©(一社)恩納村観光協会

万座毛へは、万座毛周辺活性化施設の中から訪れることができる

> 名前の由来は「万人が座れる野原」。天然芝が広がる断崖の上から海を眺め、「ゾウの鼻」などの景観を楽しむ。

「毛」とは沖縄の言葉で野原のこと。琉球王朝時代の18世紀前半、この地に立ち寄った尚敬王が「万人を座するに足る毛」と称賛したことから名がついた。断崖の上には100m四方にわたり天然の芝生が広がる。最も特徴的な景観は、ゾウの鼻に似た形の奇岩。隆起サンゴでできた琉球石灰岩は気泡を多く含むため、波の浸食により空洞ができてこの形となった。

環境保全のため、万座毛を歩くには入口にある万座毛周辺活性化施設でチケットを購入する必要がある。施設3階の無料展望デッキから海を望むこともできる。

西海岸リゾート・中部

### 観賞のポイント
**遊歩道から撮影しよう**
万座毛周辺活性化施設でチケットを購入し遊歩道を進むと、万座毛のシンボル「ゾウの鼻」が左手に見えてくる。

### ACCESS アクセス
那覇空港
↓ 車で46分
屋嘉IC
↓ 車で10分
万座毛

車の場合、沖縄自動車道・屋嘉ICから国道58号経由でアクセス。バスの場合、那覇バスターミナルから20・120番の路線バスで1時間30分、恩納村役場前下車、徒歩10分。

### INFORMATION 問い合わせ先
万座毛株式会社　098-966-8080

### DATA 観光データ
所 恩納村恩納　開休 8:00〜19:00(万座毛見学は日没まで)　料 無料　P 万座毛駐車場・普通車315台

### BEST TIME TO VISIT 訪れたい季節
万座毛は観光シーズンに左右されず、いつでも美しい景色を楽しめる。ただ、夏休みやお正月シーズンは、混み合うので避けよう。夕日が沈む時間帯は時期によって異なるが、6時台から7時台がほとんど。美しい夕焼けが見られる時間帯も混ぶため、時間に余裕をもって行動したい。

## 周辺のスポット

**裏万座毛**
うらまんざもう
MAP P.64 B-2

「裏万座毛」は駐車場手前の横道を10分進む穴場スポット。定番とは異なる景観と静かな夕日が魅力。

なし　万座毛から徒歩10分　所 恩納村恩納　開休 散策自由　P なし

裏万座毛で独占！絶景と静寂のひととき

奇岩と美しい海が広がる海岸

沖縄県うるま市 MAP P.65 D-3

# 果報バンタ
かふうバンタ

大海原に残る手つかずの自然
幸せを呼ぶ岬に立ち尽くす

**観賞のポイント**
**展望所から撮影しよう**
鮮やかなエメラルドグリーンに目を奪われる。遠浅で海水の透明度が高く、崖の上からでも海底がはっきりと見える。

西海岸リゾート・中部

「良い知らせ」「幸せ」を意味する果報は、沖縄の方言で「かふう」と読む。バンタは崖のこと。「幸せ岬」の別名を持ち縁起が良いことも人気の理由

> 車で行ける離島・宮城島にある絶景ポイント。眼下に広がる透き通った海は驚くほど美しい。「幸せ岬」の別名を持ち、近くに点在するパワースポットと併せて訪れる人も多い。

勝連半島から延びる海中道路を通り、平安座島を越えた先に位置する宮城島。東海岸に面する果報バンタは、ぬちまーす観光製塩ファクトリーの敷地内にあり、自由に散策できる。沖に向かってグラデーションを描く澄んだ海が高さ70mの断崖から一望できる。太陽が高く上がる11〜13時頃に訪れるのがおすすめ。眼下に見える天然の砂浜「ぬちの浜」は、満月の夜にウミガメが産卵に来ることもあるという。

同敷地内にある龍神風道、三天御座、はなり獄とともにパワースポットとしても知られている。

堆積したサンゴや貝殻が隆起してできた琉球石灰岩と南国の木々が織りなす沖縄独特の景観

## ACCESS
アクセス

那覇空港
↓ 車で40分
沖縄北IC
↓ 車で48分
果報バンタ

那覇空港から沖縄自動車道・沖縄北ICまで行き、うるま市与那城向け、海中道路経由でアクセス。

## INFORMATION
問い合わせ先
ぬちまーす観光製塩ファクトリー
☎098-923-0390

## DATA
観光データ
所 うるま市与那城宮城2768 開 9:00〜17:30 休 無休 料 無料 P ぬちまーす観光製塩ファクトリー普通車55台、大型車4台

## BEST TIME TO VISIT
訪れたい季節
特に時期を問わずおすすめできるスポット。ただ、風が吹きつけるので春〜夏の時期が寒くなく散策におすすめ。また、夏であればカフェで提供している塩ソフトなども楽しめる。美容品「シルクソルト」を使ったマッサージも体験できるが、こちらも気温が高いため体がリラックスしやすい夏に体験したい。

## 4つのパワースポットを訪れる

一帯に満ちたエネルギーが絶景とともに活力や癒やしを与えてくれる。

「龍神風道」は、海の神様である龍宮神のエネルギーが流れ込む入口と伝わる。「三天御座」は天・地・海の神様が集まるという鍾乳洞。ここから敷地内のすべてに良いエネルギーが送り出されるという。三天御座や果報バンタを含む小高い丘は「はなり獄」といい、一帯に癒やしのパワーが満ちているといわれる。

1

2

3

4

1 神聖な小山のはなり獄。そばの御神木には癒やしの力が宿るとされる／2 天地海の神々が集まる三天御座は、敷地内のエネルギーの源／3 敷地内で最もエネルギーがよく通る龍神風道／4 果報バンタも忘れずに

## あわせて訪れたい周辺のスポット

ぬちまーす観光製塩ファクトリー内のパワースポット巡りや
浜比嘉島、伊計島などの離島があり、沖縄の自然、文化を楽しめる。

### ぬちまーす
### 観光製塩ファクトリー
ぬちまーすかんこうせいえんファクトリー

**MAP** P.65 D-3

無料ガイド付きで製塩の見学や絶景「果報バンタ」を楽しめる。特産品購入をはじめ、塩マッサージや併設のレストランではぬちまーすと沖縄の食材を使った料理を満喫できる。

☎098-923-0390 ❖沖縄北ICから約23km 所うるま市与那城宮城2768 開9:00〜17:30 料見学無料 休無休 Pあり

世界唯一の塩工場

4つのパワースポットを持つ風光明媚な「ぬちうなー(命御庭)」を散策できる

### 浜比嘉島
はまひがじま

**MAP** P.65 D-4

赤瓦屋根の家々や石垣の連なるのどかな小島。琉球神話ゆかりのスポットも点在している。

❖沖縄北ICから約19km 所うるま市勝連浜・勝連比嘉

周囲7kmの起伏に富む小島

### 赤瓦と石垣が残る
### 昔ながらの島

島へは浜比嘉大橋を渡っていく

### 海中道路の絶景
### オーシャンビュー

地元出身のアーティストの作品を販売するコーナーも

### 海の駅 あやはし館
うみのえき あやはしかん

**MAP** P.64 C-4

うるま市や地域の特産品が揃う。沖縄そば店、パーラーなども併設。

☎098-978-8830 ❖沖縄北ICから約14km 所うるま市与那城屋平4 開9:00〜17:30、海中茶屋10:30〜17:00 休無休 Pあり

### 伊計島
いけいじま

**MAP** P.65 D-3

宮城島から伊計大橋でつながる周囲7kmの平坦な島。白砂と透明な海が広がる伊計ビーチをはじめ、バナナボートやジェットスキーなど、マリンスポーツが人気。

❖沖縄北ICから約27km 所うるま市与那城伊計

白い砂浜と透明な海が自慢

透明な海が美しい伊計島ビーチ

西海岸リゾート・中部

沖縄県うるま市 MAP P.64 C-4

# 勝連城跡
かつれんじょうあと

## 世界遺産の城跡を眼下に
## 琉球の歴史に思いを馳せて

**観賞のポイント**
**一の曲輪城門からの景色**
城跡全体が丘の上にあり見晴らしが良く、なかでも一番高い位置に築かれた一の曲輪から見下ろす景色は壮観。

南西に広がる中城湾。遠くに知念半島が望める。東に太平洋を渡る海中道路、北には金武湾と、四方に絶景が広がる

## 勝連城の発掘調査について

昭和39年(1964)に始まった勝連城跡の発掘調査が現在も続いている。これまでの調査では中国の陶磁器を中心に、朝鮮、タイ、ベトナムなど東南アジア地域からの輸入品、熱帯地域に生息するオウムの骨などが見つかった。特に中国製の元青花と呼ばれる珍しい焼き物が数多く出土しており、勝連城主が強大な力で活発に海外貿易を行っていたことがうかがえる。2022~23年の調査では、東の曲輪にある石垣の根石が見つかり、勝連城跡の全容解明に一歩近づく結果となった。

最も重要な建物が建っていたと考えられる二の曲輪には、その礎石跡が復元されている

標高100mの丘の上から360度の大海原が望める。城壁の曲線美にも注目。栄華の時代を偲ばせる出土品も必見。

世界遺産「琉球王国のグスク及び関連遺産群」に登録された5城のひとつ。築城開始は13世紀前後で、15世紀に東アジアとの貿易で勝連を繁栄させた阿麻和利の居城となった。階段状に曲輪を配置した梯郭式と呼ばれる様式で難攻不落の城といわれたが、曲線を描く城壁には優美さも感じられる。城跡は標高約100mの丘陵地にあり、眺望は抜群。最も高い場所にある一の曲輪からは360度のパノラマビューが楽しめる。城跡の麓にある「あまわりパーク歴史文化施設」には、勝連城跡で発掘された出土品が展示されている。

西海岸リゾート・中部

## ACCESS
アクセス

| 那覇空港 |
↓ 車で40分
| 沖縄北IC |
↓ 車で20分
| 勝連城跡 |

車の場合、沖縄自動車道・沖縄北ICからアクセス。バスの場合、那覇バスターミナルから52番の沖縄バスで1時間30分、勝連城跡前下車、徒歩すぐ。

## INFORMATION
問い合わせ先

あまわりパーク管理事務所
☎098-978-2033

## DATA
観光データ

所 うるま市勝連南風原 開 9:00〜17:00(5〜9月は〜18:00) 休 無休 料 600円 P 勝連城跡あまわりパーク駐車場・普通車125台、大型車6台

## BEST TIME TO VISIT
訪れたい季節

勝連城跡は、特に季節を問わず訪れることができる。過去にはてっぺんヨーガin勝連城跡、竹かご作り、オリジナルピザ焼き体験、エイサーまつり、うるま「闘牛」展などのイベントが開催されたほか、11月の無料開放や大人だけの見学などに合わせるのもおすすめ。

琉球と中国を行き来した進貢船のように見えることから「進貢船のグスク」といわれることも

沖縄県北谷町 MAP P.64 A-4

# 美浜アメリカンビレッジ
みはまアメリカンビレッジ

ポップでキュートな色彩の街
熱気あふれるシーサイド

**ライトアップ情報**

期間 クリスマスイルミネーション(11月15日〜翌3月15日※2024年度の情報)17:00〜24:00。
※開催期間は前後する可能性がある

西海岸リゾート・中部

冬はビレッジ内のいたるところがきらびやかなライトアップで彩られる。一年中クリスマスグッズを扱うショップ「Christmas Land」にも立ち寄りたい

> アメリカ西海岸風の街並みが目を引くタウンリゾート。カラフルな建物が並び、海を眺めながら散歩もできる。さまざまな場所で出会えるフォトスポットもお見逃しなく。

ファッション、雑貨、グルメ、映画館、ライブハウス、美術館などのさまざまなエンターテインメント施設が揃う海辺のタウンリゾート。アメリカ西海岸をイメージしてデザインされたカラフルな街並みが印象的で、おしゃれなフォトスポットとしても人気を集めている。中心となる施設は海沿いのデポアイランド。心地よい潮風を感じながらボードウォークを歩けばすっかり異国気分に。冬の夜はクリスマスイルミネーションで街なかが彩られ、昼間のポップな雰囲気とはひと味違った幻想的な光景が楽しめる。

オープンしてからお店が増え続け、今や沖縄の新たなトレンドを発信する場所となっている

## ACCESS
アクセス

那覇空港
↓ 車で40分
美浜アメリカンビレッジ

車の場合、那覇空港から国道58号線を北上して35分。桑江交差点を左折。もしくは、1つ手前の美浜交差点を左折してもアクセス可能。バスの場合、那覇空港からは120番の名護西空港線を利用。桑江まで乗車し、徒歩3分。この他、空港リムジンバス等のシャトルバスあり。

## INFORMATION
問い合わせ先

北谷町観光情報センター
☎098-926-4455

## DATA
観光データ

所 北谷町美浜 営 店舗により異なる
P 町営駐車場・普通車1500台

## BEST TIME TO VISIT
訪れたい季節

季節ごとにさまざまなイベントが開催されているため、どの季節でも楽しむことができる。特に盛り上がるのはハロウィンやクリスマスの時期で、街中の装飾や仮装コンテスト、コンサートなどが行われる。夕日が美しいビュースポットとしても知られており、デポアイランドの「ボードウォーク」では、空が真っ赤に染まっていく変化を楽しめる。

## フォトスポットを楽しもう！

かわいさにあふれた街のなか、さらなるSNS映えを狙うなら。

ビレッジ内にはSNS映え間違いなしのフォトスポットがいっぱい。特に多いのがデポアイランドで、散策しているとさまざまなウォールアートが目に飛び込んでくる。ぜひ壁の前でポーズを決めてみよう。海沿いのボードウォークにある三日月形のオブジェ「ハッピー・ルナ」やロマンティックなアーチ門も人気。

1 デポアイランドビルにあるアメリカンな車／2 FDDI消防署の壁画はデポアイランドの守り神／3 ハッピー・ルナは青空や夕日映えする人気のフォトスポット／4 海をバックに記念撮影ができるスポット

# 訪れたい美浜アメリカンビレッジのスポット

美浜アメリカンビレッジは、ショッピングやグルメ、夜景を楽しめるエリア。異国情緒と沖縄の魅力が融合したスポット満載!

## Depot Island
デポ アイランド

MAP P.64 A-4

沖縄ならではのリゾートファッションをテーマとしている。カジュアルウェアから雑貨まで幅広い品揃えを誇り、全身コーディネートもできる。
☎098-926-3322 営10:00~21:00 休無休

周辺にはフォトスポットも数多く集まる

沖縄ならではの リゾートファッション

## SOHO
ソーホー

MAP P.64 A-4

アメリカの代表的ブランドであるラルフローレンなど人気ブランドや掘り出し物が揃う。
☎098-982-7785 営11:00~20:00 休無休

アメリカにこだわった セレクトショップ

人気のミリタリー関連アイテム

沖縄料理も満喫! 豪華ビュッフェレストラン

ガチヤマーランチバイキング2600円

## レストランチュラティーダ

MAP P.64 A-4

ビュッフェスタイルのレストラン。ランチはステーキなど20種類以上を用意。ディナーは沖縄料理をはじめ、30種類以上の料理が並ぶ。
☎098-921-7719 営11:30~14:30(LO14:00)、ディナー 18:00~22:00(LO21:00) 休無休(ランチは土・日曜、祝日のみ営業)

オリジナルアメリカン スタイルを追求できる

## 北谷公園サンセットビーチ
ちゃたんこうえんサンセットビーチ

MAP P.64 A-4

美浜アメリカンビレッジに隣接しているビーチ。県内屈指の夕日の名所で、海水浴やBBQが人気。夏は音楽イベントも開催され賑わうスポット。
☎098-936-8273(北谷公園サンセットビーチ管理事務所) 交沖縄南ICから約5km 所北谷町北谷 営休4月中旬~10月(詳細は公式サイトを要確認) Pあり

夕日もBBQも満喫! 賑やかなタウンビーチ

穏やかな海に沈む 感動的な夕日

西海岸リゾート・中部

# エリアガイド

## 沖縄きってのリゾート地
## 東シナ海に沈む夕日を望みたい

　残波岬から万座毛、ブセナ海中公園にかけて25kmほどの海岸沿いは国道58号で結ばれている。海側を中心に数多くの高級ホテルが立ち並ぶことから、一帯は西海岸リゾートエリアと呼ばれる。ホテルから望む東シナ海の眺望は見事で、沖に突き出た断崖絶壁が、変化に富んだ風景をつくり出している。その南に位置する読谷村は焼物が盛んな地域で、なかでも多くの工房が集まる「やちむんの里」では、赤瓦の建物、登り窯など、独特の風景が広がっている。

　本島東部のうるまから、平安座島、宮城島、伊計島、浜比嘉島の4つの島を結ぶ「海中道路」は人気ドライブコース。果報バンタなど、眺望が素晴らしい。

### 交通 information

**街巡りのポイント**

絶景スポットを巡る場合は、レンタカーが便利。空港と主要リゾートホテル間には送迎バスが運行。西海岸リゾートエリアへは、那覇と名護を結ぶ路線バスも利用できる。

●路線バス
空港から主要リゾートホテルを結ぶバスが運行。西海岸リゾートエリアのホテルでは、空港からの送迎があるところも。

●レンタサイクル
ホテルによっては、レンタサイクルが利用できる。

**問い合わせ先**

**読谷村観光協会**
☎098-958-6494 ◎那覇空港から車で55分
⌂読谷村喜名2346-11 ⏰9:00～18:00(日曜は～15:00) 休土曜、祝日

**恩納村観光協会**
☎098-966-2893 ◎那覇空港から車で55分
⌂恩納村恩納5973 ⏰8:30～17:30 休土・日曜、祝日

**コザインフォメーションセンター**
☎098-989-5566 ◎那覇空港から車で40分 ⌂沖縄市上地1-1-1(コザミュージックタウン1階) ⏰8:30～19:00(土・日曜、祝日10:00～18:00) 休無休

西海岸リゾート・中部

# TRAVEL PLAN 🚗

美しいビーチが点在するリゾート地は海景色抜群でドライブも快適。
やちむんの里や琉球村で、沖縄の伝統文化にふれよう。

## COURSE

|  |  |
|---|---|
| 10:00 | 沖縄南IC |
| ↓ | 車で約30分 |
| 10:30 | やちむんの里 |
| ↓ | 車で約15分 |
| 11:30 | 残波岬公園 |
| ↓ | 車で約15分 |
| 12:00 | 真栄田岬 |
| ↓ | 車で約11分 |
| 12:30 | 琉球村 |
| ↓ | 車で約20分 |
| 14:30 | 万座毛 |
| ↓ | 車で約20分 |
| 15:00 | ブセナ海中公園 |
| ↓ | 車で約23分 |
| 17:00 | 許田IC |

### やちむんの里
やちむんのさと
**MAP** P.64 A-3

自分だけの陶器を探す

やちむんとは、沖縄の言葉で「焼物(陶器)」のこと。読谷村には数多くの窯が集まるエリアがあり、直売もしている。
➡ P.49

赤瓦の登り窯と風情ある景色を楽しむ工房めぐり

### 残波岬公園
ざんぱみさきこうえん
**MAP** P.64 A-2

岬に約2kmの断崖が続き、先端に白亜の灯台が立つ。公園内にBBQ施設やカフェ、周辺にスポーツ施設などがある。
☎098-958-0038(ザンパリゾートアクティビティパーク) 交石川ICから約14km 所読谷村宇座 間休散策自由 Pあり

きれいな夕日も魅力の公園

灯台の展望台がいちばんの絶景ポイント

### 真栄田岬
まえだみさき
**MAP** P.64 A-2
➡ P.50

海岸へは階段で下りることができる

### 琉球村
りゅうきゅうむら
**MAP** P.64 A-3

古き良き琉球の伝統にふれる

緑豊かな琉球王国時代の村で、古民家や伝統工芸体験、三線やエイサーの音色、沖縄料理を満喫。
➡ P.49

琉球の歴史的な民家などの文化を学べる

## LUNCH

沖縄初上陸のハンバーガー店
**A&W 美浜店**
エイ&ダブリュみはまてん
**MAP** P.64 A-4

A&Wバーガー840円。ドリンクでは名物ルートビアを選びたい

☎098-936-9005 交桑江バス停下車、徒歩すぐ 所北谷町美浜2-5-5 営9:00〜24:00 休不定休 Pあり

### 万座毛
まんざもう
**MAP** P.64 B-2
➡ P.52

西海岸でも人気の高い絶景スポット

### ブセナ海中公園
ブセナかいちゅうこうえん
**MAP** P.65 D-1

海中世界を気軽に楽しみたい

海中展望塔からは色鮮やかな熱帯魚を間近に見ることができる。隣接する桟橋からはグラスボートが運航。
☎0980-52-3379 交許田ICから約4km 所名護市喜瀬1744-1 間海中展望塔9:00〜18:00(最終入場は各30分前)/グラスボート9:10〜17:30 ※季節により変動あり 休無休 料海中展望塔1050円、グラスボート1560円(セット料金2100円) Pあり

水深5mの世界をのぞける海中展望塔がある

# TRAVEL PLAN

2つのグスク(城)を訪ね、海のパノラマが広がる海中道路で小島めぐり。
神話に登場する素朴な集落やきれいなビーチに癒やされる。

### 中城城跡
なかぐすくじょうあと

**保存状態の良い琉球の名城**

MAP P.64 B-4

15世紀中頃の面影を残す城跡。3種類の石積み技法で築かれた城壁や門が見られる。

☎098-935-5719 北中城ICから約3km 中城村泊1258 8:30〜17:00(5〜9月は〜18:00) 無休 500円 あり

「日本100名城」や世界遺産に登録された貴重な名城

## COURSE

| | |
|---|---|
| 10:00 | 北中城IC |
| ↓ | 車で約10分 |
| 10:10 | 中城城跡 |
| ↓ | 車で約2分 |
| 11:10 | 中村家住宅 |
| ↓ | 車で約28分 |
| 12:10 | 勝連城跡 |
| ↓ | 車で約13分 |
| 13:10 | 浜比嘉島 |
| ↓ | 車で約20分 |
| 15:10 | 伊計島 |
| ↓ | 車で約45分 |
| 17:10 | 沖縄北IC |

**国の重要文化財指定の住宅**

典型的な戦前の屋敷。以前は竹茅葺きの屋根だった

### 中村家住宅
なかむらけじゅうたく

MAP P.64 B-4

18世紀中頃の上層農家の屋敷。石垣で囲まれ、母屋や離れ、家畜小屋などの建物が残り、往時の屋敷の構えを知ることができる。

☎098-935-3500 北中城ICから約3km 北中城村大城106 9:00〜17:00(最終入場16:30) 水・木曜 500円 あり

### 勝連城跡
かつれんじょうあと → P.58

MAP P.64 C-4

海を望む勝連半島の丘陵地に建つ

西海岸リゾート・中部

### 浜比嘉島
はまひがじま → P.57

MAP P.65 D-4

琉球の創世神アマミキヨが暮らしたと伝えられる

## LUNCH

**古民家食堂で島の料理を堪能できる**

### 古民家食堂 てぃーらぶい
こみんかしょくどう てぃーらぶい

MAP P.65 D-4

沖縄2大そば膳。中味そば、ソーキそばから選べる

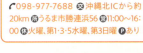

☎098-977-7688 沖縄北ICから約20km うるま市勝連浜56 11:00〜16:00 火曜、第1・3・5水曜、第3日曜 あり

### 伊計島
いけいじま → P.57

MAP P.65 D-3

宮城島と伊計大橋で結ばれた島。人気の伊計ビーチがある

宮城島と伊計島を結ぶ全長198mの橋。赤い橋と青い海のコントラストが美しい

## 大型高級ホテルが西海岸に集中

# 絶景ホテルガイド②

青く澄んだ海が広がる西海岸エリアに、高級感あふれる大型リゾートホテルが立ち並ぶ。
絶景のプールやダイニングなど設備も充実しており、ラグジュアリーなステイが叶う。

絶景に溶け込むインフィニティプール。加温式で一年中24時間利用OK

**沖縄の贅を尽くした**
**唯一無二のラグジュアリーリゾート**

### 星のや沖縄
ほしのやおきなわ

沖縄でも珍しい自然海岸沿いに建つ全室オーシャンフロントの宿。低層建築で海を身近に感じられる。広い敷地はグスクウォールに包まれ、沖縄の伝統文化や自然にふれながら、非日常の滞在を楽しめる。

読谷 MAP P.64 A-3

☎050-3134-8091 ❀沖縄南ICから車で30分 ㊟読谷村儀間474 in15:00 out12:00 ¥1泊食事別(1室)17万円～(宿泊予約は2泊から) Pあり

**眺望抜群の空間で過ごす**
**プレミアムなひととき**

### オリエンタルヒルズ沖縄
オリエンタルヒルズおきなわ

約2万㎡の広大な丘に14棟のラグジュアリースイートが並ぶ。全室にプライベートプールを備え、コバルトブルーの海を一望。水上ダイニングや幻想的なバーも魅力。

恩納 MAP P.64 C-2

☎0120-162-078 ❀屋嘉ICから約9km／那覇空港から車で50分 ㊟恩納村瀬良垣79-1 in14:00 out11:00 ¥1泊2食付9万9000円～(2名) Pあり

見渡す限り一面の海が望める日本最大級のプライベートプール

読谷の街を一望するプール。夜はライトアップされ幻想的な雰囲気になる

**13歳以上から宿泊できる**
**大人のためのリゾート**

### グランディスタイル沖縄読谷ホテル&リゾート
グランディスタイルおきなわよみたんホテル&リゾート

全室スイートのゆったりとした客室で心地よい非日常な滞在が楽しめる。24時間いつでも利用できる3つのラウンジとプールも魅力。

読谷 MAP P.64 A-3

☎098-987-8300 ❀石川ICから12km／那覇空港から車で1時間 ㊟読谷村瀬名波571-1 in14:00 out10:00 ¥1泊朝食付2万5000円～ Pあり

沖縄本島と一本の橋で結ばれた
小さな絶景の島で過ごす優雅な日々

### ハイアット リージェンシー 瀬良垣アイランド 沖縄
ハイアット リージェンシー せらがきアイランド おきなわ

瀬良垣島は本島と橋でつながるリゾートアイランド。宿泊棟は本島側と島内にあり、全客室バルコニー付きで海を一望。ビーチ直結の好立地に加え、多彩なダイニングや本格和食レストランで美食も楽しめる。

恩納 MAP P.64 C-1

☎098-960-4321 ✈屋嘉ICから車で15分／那覇空港から車で1時間 🏠恩納村瀬良垣1108 in 15:00 out 11:00 ¥1泊朝食付 平日1万8975円〜休前日3万7950円〜 Pあり

浅瀬に浮かぶ島全体がホテル。沖縄本島側と一大リゾートを形成している

バラエティに富んだ
マリンレジャーでアクティブに

### ANAインターコンチネンタル 万座ビーチリゾート
エーエヌエーインターコンチネンタルまんざビーチリゾート

万座の美しい海に囲まれた岬のリゾート。プールやビーチに加え、海中展望船「サブマリンJr.II」やサンセットクルーズなどマリンアクティビティが豊富。レストランや大浴場も充実。

恩納 MAP P.64 C-1

☎098-966-1211 ✈屋嘉ICから車で10分／那覇空港から車で1時間 🏠恩納村瀬良垣2260 in 15:00 out 11:00 ¥1泊朝食付1万5000円〜 Pあり

曲線に囲まれた美しいプール。上・下段に分かれ、滝やスライダーが配備

大海原に浮かぶ豪華客船のような白亜のホテル。開業40年以上の歴史を誇る

澄んだ海と白い砂浜、南国の花々に囲まれ
風光明媚な岬で過ごす極上バカンス

### ザ・ブセナテラス

部瀬名岬に建つリゾート。光と風を生かした設計は自然との調和を感じられる。クラブヴィラでは専属スタッフの上質なサービスを満喫。本館には多彩なレストランやバーも完備。

名護 MAP P.65 D-1

☎0980-51-1333 ✈許田ICから車で5分／那覇空港から車で1時間15分 🏠名護市喜瀬1808 in 14:00 out 11:00 ¥1泊朝食付2万1000円〜 Pあり(宿泊者有料)

69

美しいビーチとイルカたち
家族で楽しめるリゾート

## ルネッサンス リゾート オキナワ

イルカと触れあえるラグーンや天然温泉、プライベートビーチなど、子どもから大人まで楽しめる施設やアクティビティが充実のリゾートホテル。

森から海へと開かれた
ウォーターフロースタイルの屋外プール

青のグラデーションが美しいルネッサンスビーチに面している

恩納 **MAP** P.64 B-2

☎098-965-0707 ❖石川ICから5km／那覇空港から車で1時間 ⌂恩納村山田3425-2 in14:00 out11:00 ¥1泊朝食付(2名1室)1万7000円～ Pあり

緑深い亜熱帯の森に溶け込む
洗練された大人のためのリゾート

## ジ・アッタテラス クラブタワーズ

恩納村の森に建つ大人のリゾート。全客室52㎡以上の広さを誇り、インフィニティプールやスパも完備。美食を楽しみ、ラウンジバーでくつろげる。24時間対応のバトラーサービスも魅力。

恩納 **MAP** P.64 C-2

☎098-983-3333 ❖屋嘉ICから約11km／那覇空港から車で1時間 ⌂恩納村安富祖1079 in14:00 out11:00 ¥クラブデラックス1泊朝食付3万1100円～、クラブラグジュアリー1泊朝食付3万5100円～ Pあり(有料) ※施設利用は13歳以上

ハワイのもてなしの心を受け継ぐ
天国の名にふさわしい楽園

## ハレクラニ沖縄
ハレクラニおきなわ

「天国にふさわしい館」を意味するハレクラニの世界2軒目が恩納村の海岸沿いに誕生。全室50㎡以上のオーシャンビューで、スイートやヴィラも完備。ヴィラにはプライベートプールと天然温泉を備える。

恩納 **MAP** P.64 C-1

☎098-953-8600 ❖那覇空港から車で1時間15分 ⌂恩納村名嘉真1967-1 in15:00 out12:00 ¥1泊朝食付7万7165円～ Pあり

ハレクラニを象徴するオーキッドプールをはじめ、5つのプールを完備

# 沖縄本島
# 本部半島・やんばる

沖縄美ら海水族館、古宇利島大橋など本島きっての人気スポットが集まる本部半島。「やんばる」と呼ばれる本島北部では、雄大な眺望、希少な動植物が旅人を惹きつける。

沖縄県今帰仁村 MAP P.88 B-3

# 古宇利大橋
こうりおおはし

コバルトブルーの海に架かる橋から
恋の島・古宇利島へ

**観賞のポイント**

**屋我地島側の展望所**

屋我地島側の橋のたもとにある古宇利大橋南詰展望所から、対岸の古宇利島へと延びる美しい橋が望める。

本部半島・やんばる

透き通った海をまっすぐに突き抜ける古宇利大橋。橋の上は駐車禁止なので、景色をゆっくり楽しみたいなら徒歩や自転車で渡るのがおすすめ

> 2つの島を一直線につなぐ古宇利大橋は、サンゴ礁の海に囲まれた絶景のドライブコース。目の前に広がる海は日差しによって色合いを変え、鮮やかなグラデーションを描く。

沖縄版アダムとイブの伝説が語り継がれ、「恋の島」とも称される古宇利島。北側にはハートロックと呼ばれる岩があり、航空会社のCMに登場したことで有名となった。そんな古宇利島と隣接する屋我地島を結ぶのが、全長1960mの古宇利大橋。通行無料の橋としては県内2番目の長さで、海上を一直線に貫く光景が美しい。橋の両側にはエメラルド色に輝く海が広がり、絶景ドライブコースとして人気。橋のたもとの展望所や古宇利島オーシャンタワーから、壮大な橋の全景を一望できる。

屋我地島のビーチからの眺め。手前には通称「カエル島」と呼ばれる小さな岩がある

## ACCESS
アクセス

那覇空港
↓ 車で1時間
許田IC
↓ 車で30分
古宇利大橋

車の場合、那覇空港でレンタカーを借りて、沖縄自動車道を利用。古宇利大橋は通行無料。バスの場合、沖縄空港からやんばる急行バスで今帰仁村役場まで行き（1日4便）、四島線に乗り換え（1日6便）。

## INFORMATION
問い合わせ先

なし

## DATA
観光データ

[所]今帰仁村古宇利 [開休料]見学自由 [P]なし

## BEST TIME TO VISIT
訪れたい季節

透き通るようなエメラルドグリーンの海原が期待できるのは、晴天時の日中、できれば雲で日差しが遮られない時間帯。夕方や朝の景色も美しいが、写真撮影をするときに逆光になる場合も。屋我地島側や古宇利島側など場所を変えてみるといい。なお、台風シーズンなどで暴風警報などが発令されると橋は通行不可となるので注意。

## 古宇利島サイクリング

**潮風を感じながら自転車で島を一周。橋上のサイクリングも最高!**

周囲約8kmの古宇利島は、気ままな自転車の旅に最適。美しいビーチや恋のパワースポットなどを巡りながら、島の素朴な雰囲気を満喫できる。小回りが利くので細い路地も走りやすく、車では見つけられない風景に出会うことも。島を一周したあとは、古宇利大橋を渡って爽快なサイクリングを楽しもう。

1 海に囲まれた小さな島をレンタサイクルでまわりながら、島時間を満喫しよう／2 古宇利大橋を渡ってすぐにある「古宇利島の駅ソラハシ」でレンタサイクルを借りることができる

## あわせて訪れたい周辺のスポット

古宇利島周辺は絶景だけでなく、恋愛にまつわるスポットや隠れた名所も満載！

### ウッパマビーチ

**MAP** P.88 B-3

沖縄の言葉で「大きな浜」を意味するウッパマの名のとおり白い砂浜が約1km続くビーチ。白い桟橋やピンクのドアが撮影スポットとして人気。

☎0980-56-2767(リゾートホテル・ベル・パライソ) 許田ICから約23km 今帰仁村運天 4〜9月(詳細は公式サイトを要確認) Pあり

白い桟橋と青い海のコントラストが美しい

海と空の青に映える **ロングビーチ**

### 古宇利オーシャンタワー
こうりオーシャンタワー

**MAP** P.88 B-3

海抜82mの場所に立ち、古宇利大橋やその周辺海域を一望できる展望施設。シェルミュージアムを併設。

☎0980-56-1616 許田ICから約25km 今帰仁村古宇利538 10:00〜18:00(最終入園17:30) 無休(臨時休園あり) 1000円 Pあり

遠くからも目立つタワーの最上階はオープンエア

絶景とグルメが楽しめる **ランドマーク**

オーシャンデッキでは壮大なパノラマが楽しめる

テレビCMで話題となった **島のシンボル**

波によって削られた岩がハートの形に！

### ハートロック

**MAP** P.88 B-3

島の北側、ティーヌ浜にあり、航空会社のCMで注目を集め、恋のパワースポットとして島いちばんの人気観光地に。干潮時には岩のすぐそばまで行くことができる。

許田ICから約28km 今帰仁村古宇利 見学自由 Pあり

### 嵐山展望台
あらしやまてんぼうだい

**MAP** P.88 B-3

古宇利や屋我地島の浮かぶ羽地内海(はねじないかい)や、やんばるの山並みなどが見渡せる変化に富む絶景が魅力。古くから風光明媚な場所として知られる。

許田ICから約14km 名護市呉我1460-2 見学自由 Pあり

海と緑が映える **「沖縄の松島」**

羽地内海を望む沖縄八景のひとつ

本部半島・やんばる

75

沖縄県本部町 MAP P.88 A-3

# 沖縄美ら海水族館
おきなわちゅらうみすいぞくかん

圧巻の海中世界へ
魚たちと泳ぐファンタジー

観賞のポイント

### 大水槽「黒潮の海」
2階にあるシャークスタンドが絶好の撮影ポイント。椅子に座って大水槽全体を正面から眺められる。

写真提供：国営沖縄記念公園(海洋博公園)・沖縄美ら海水族館

本部半島・やんばる

大水槽「黒潮の海」で飼育されているオスのジンベエザメ「ジンタ」は、世界最長飼育記録を更新中。2025年3月で飼育年数30年を迎える

> 多種多様な海の生き物たちが自由に泳ぎまわる、世界最大級の大水槽「黒潮の海」は必見。魚類最大のジンベエザメや、世界初の繁殖に成功したナンヨウマンタは特に見逃せない。

サンゴ礁が広がる浅瀬から謎に包まれた深海まで、多様性に富んだ沖縄の海を再現した水族館。大小75の水槽で約780種1万3000点の生き物を飼育している。なかでも目玉となる「黒潮の海」は、深さ10m、幅35m、奥行き27mを誇る世界最大級の大水槽。巨大なアクリルパネル越しに、回遊魚がダイナミックに泳ぐ様子を観察できる。ジンベエザメやナンヨウマンタが、目の前をゆったりと横切っていく姿は感動的。タイミングが合えば、迫力ある食事シーンが見られることもある。

海洋博公園内にある水族館。沖縄屈指の人気スポットで、国内外から観光客が訪れる

## ACCESS
アクセス

那覇空港
↓ 車で1時間
許田IC
↓ 車で40分
沖縄美ら海水族館

車の場合は、沖縄自動車道を利用後、一般道を利用して国道58号〜国道449号〜県道114号と進む。バスの場合、那覇空港からさまざまなバス会社より路線バスが出ている。記念公園前で下車してから水族館入口までは徒歩10分。系統・バス会社によりルート、停留所、料金が異なるので注意。

## INFORMATION
問い合わせ先

沖縄美ら海水族館☎0980-48-3748

## DATA
観光データ

本部町石川424 国営沖縄記念公園（海洋博公園）内 8:30〜18:30（最終入館17:30、延長期間は公式サイトで要確認） 公式サイトで要確認 2180円 海洋博公園駐車場・普通車1880台、大型車113台

## BEST TIME TO VISIT
訪れたい季節

季節を問わず楽しめるが、朝一番に訪れると、混雑してないうえに、マンタのエサやりなどのイベントも楽しめる。

### 水族館周辺で海の生き物とふれあう

**海の人気者たちを無料で見学。エサやり体験にも挑戦したい。**

水族館の周辺には、イルカやウミガメ、マナティーなどとふれあえる施設が充実。イルカたちの華麗なショーを見学できるほか、イルカやウミガメにエサをあげることもできる。より深くふれあいたいなら、予約制の体験学習がおすすめ。豊富なプランを通して、イルカやマナティーの生態を詳しく学べる。

1 オキちゃん劇場で無料のイルカショーと解説を楽しむ／2 イルカラグーンで間近に観察＆有料エサやり体験／3 ウミガメを水上と観覧室でじっくり観察できるウミガメ館／4 イルカ体験と見学は週末限定、予約制で楽しめる

※2025年7月末（予定）まで、ウミガメ館は施設修繕のため観覧制限がある

写真提供：国営沖縄記念公園（海洋博公園）・沖縄美ら海水族館

## あわせて訪れたい水族館のスポット

子どもも大人も大興奮！美ら海水族館で豊かで美しい沖縄の海の世界について学ぼう。

### アクアルーム
MAP P.88 A-3

天井が半ドーム状のアクリルパネルとなっているので、頭上を大きなマンタやジンベイザメが悠々と泳ぐ姿が眺められる。

さまざまなアングルで観察することができる

まるで海の中！頭上を泳ぐ生き物たち

### 深海への旅 個水槽
しんかいへのたび こすいそう

MAP P.88 A-3

光の届かない深海に暮らす生き物たちはユニークな姿の仲間が多い。色鮮やかなシマハタやリュウグウノゴテンなど、深海に棲む個性的な生き物たちをじっくりと観察できる。

2019年に世界で初めて展示されたオニキホウボウ

不思議な姿の生き物たち

マンタを見ながら軽食を楽しむ

有料指定席では大水槽を間近に眺められる

沖縄周辺に生息する深海生物を観察しよう

### カフェ「オーシャンブルー」
MAP P.88 A-3

黒潮の海の巨大水槽を眺めながらひと休みできるスポット。軽食やアイスなどのスイーツ、ドリンクが楽しめる。☎8:30～18:00(フード17:00LO、ドリンク17:30LO、有料席最終受付17:20)※8:30～9:00ドリンク・デザートのみ提供

### ショップ「ブルーマンタ」
MAP P.88 A-3

ぬいぐるみや文房具など、海の生き物たちをモチーフにした多種多様なオリジナルグッズやお菓子などの沖縄みやげも手に入る。☎8:30～18:30

ここだけで買える限定フィギュアもある

もふもふふわふわのねむたんジンベエ各2640円

シークヮーサーフィナンシェ10個入り1620円

小物類をまとめられるキャンバスポーチ880円

本部半島・やんばる

写真提供：国営沖縄記念公園(海洋博公園)・沖縄美ら海水族館

79

沖縄県本部町 MAP P.88 A-3

# 瀬底ビーチ
せそこビーチ

燦々と輝く陽光のもと
碧海に抱かれた白砂の渚で遊ぶ

遊泳期間
4月中旬〜
10月31日

## 周辺のスポット

### 瀬底大橋
せそこおおはし

MAP P.88 A-3

周囲約8kmの小島・瀬底島と本島を結ぶ全長762mの橋。美しい景観とアクセスの良さから、多くの観光客が訪れる。

☎0980-47-3641(本部町観光協会) 🚗許田ICから約25km 所本部町瀬底 開休料見学自由 Pあり

360度広がる
青を楽しむ

晴天の瀬底大橋とエメラルドグリーンの海

夜はライトアップが海に映える

> 瀬底島の西側に広がる約800mの天然ロングビーチ。
> 思いきり遊んだあとは、海の家のカフェでひと休み。

　本島と橋で結ばれ、車で気軽にアクセスできる瀬底島。西側には瀬底ビーチがあり、約800mにわたって天然の砂浜が続いている。透き通ったエメラルドグリーンの海は、本島周辺でトップクラスの美しさ。南国の日差しを浴びて宝石のように輝き、白砂のビーチと見事なコントラストを見せる。2024年4月にオープンした海の家「Seaside Cafe」では、沖縄県民のソウルフードであるタコライスなどの食事メニューやドリンクを提供。海水浴に欠かせないビーチグッズのレンタルや、マリンアクティビティの受付も行う。

### ACCESS
アクセス

| 那覇空港 |
| --- |
| ↓ 車で1時間 |
| 許田IC |
| ↓ 車で35分 |
| 瀬底ビーチ |

瀬底島へは車でのアクセスが便利。沖縄自動車道・許田ICから国道58号を経由してアクセス。

### INFORMATION
問い合わせ先

管理事務所 ☎0980-47-2368

### DATA
観光データ

所 本部町瀬底　開休 4月中旬～10月31日　料 無料　P 瀬底ビーチ駐車場・普通車300台(有料)

### BEST TIME TO VISIT
訪れたい季節

瀬底ビーチの海水浴シーズンは、4月中旬～10月31日。この期間はライフセーバーや監視員が常駐しているので、安心して泳ぐことができる。オフシーズンの11月から3月でも閉鎖はされていないが、監視員がいないため自己責任で海水浴を楽しむ必要がある。シュノーケリングやパラセーリング、ジェットスキーなど多彩なマリンスポーツも楽しめる。干潮時刻から前後2時間以上外して泳ぐのが最適。

本部半島・やんばる

海の家「マリンレンタル」でパラソルを借りて、波音を聞きながらビーチでリラックス

沖縄屈指の透明度を誇る海は、いつまで眺めていても飽きない。水平線の向こうには、伊江島や水納島が見える

県内有数のサンセットスポット。夕日に照らされた海は刻一刻と表情を変えていく

シュノーケリングやジェットスキーなどのマリンアクティビティが人気を集める

沖縄県本部町 MAP P.88 A-3

# 水納ビーチ
みんなビーチ

驚くほど透明な波打ち際
隠れ家ビーチで過ごす贅沢

静かに波が打ち寄せる水納ビーチ。青く澄んだ海の先に本島が見える。砂浜で何もせずのんびり過ごすのもいい

本島から片道わずか15分。高速船を降りると目の前がビーチという絶好のロケーション。種類豊富なマリンアクティビティも魅力で、日帰りで訪れても一日たっぷり楽しめる。

サンゴ礁が隆起してできた、周囲約4kmの水納島。本島から高速船で到着すると、船着き場のすぐ横に美しい水納ビーチがある。砂は真っ白できめ細かく、穏やかなブルーの海は、海底が見えるほどの透明度。シュノーケリングやバナナボート、パラセーリングなど、多彩なマリンアクティビティも体験できる。浮き輪や足ヒレからライフジャケットまで、ビーチ用品のレンタルサービスも充実。海辺のパーラーでは、沖縄そばやかき氷などが味わえるほか、予約制でバーベキューも楽しめる。

美しいビーチでマリンアクティビティに挑戦。多彩なプランがセットになったツアーもある

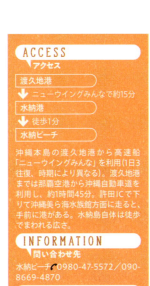

## ACCESS
アクセス

渡久地港
↓ ニューウイングみんなで約15分
水納港
↓ 徒歩1分
水納ビーチ

沖縄本島の渡久地港から高速船「ニューウイングみんな」を利用(1日3往復、時期により異なる)。渡久地港までは那覇空港から沖縄自動車道を利用し、約1時間45分。許田ICで下りて沖縄美ら海水族館方面に走ると、手前に港がある。水納島自体は徒歩でまわれる広さ。

## INFORMATION
問い合わせ先

水納ビーチ ☎0980-47-5572／090-8669-4870

## DATA
観光データ

所 本部町瀬底 開休 4〜10月(詳細は公式サイトを要確認) 料 無料 P なし

## BEST TIME TO VISIT
訪れたい季節

遊泳期間は4〜10月なので、行くならこの時期。マリンスポーツの受付や売店の営業もこの期間に限定されていることが多い。フェリーは渡久地港発が9:00、水納島発最終が16:30と、一日中めいっぱい遊べるのもうれしい。夏はかなり混み合うので事前に高速船やビーチ用品の予約がおすすめ。(事前予約した人には割引もある)

本部半島・やんばる

遊泳期間
4月中旬〜
10月31日

パラソルやビーチマット、デッキチェアなど、ビーチで必要なものはほぼレンタル可能

透明な海はシュノーケリングに最適。カラフルなサンゴ礁や熱帯魚を間近で見られる

島の形がクロワッサンに似ているため、クロワッサンアイランドの愛称で親しまれる

沖縄県国頭村 MAP P.89 E-1

# ASMUI Spiritual Hikes
アスムイハイクス

国土の創世神・アマミクが舞い降りた
聖なる琉球神話の地

観賞のポイント

**展望ステージ**

多くの祈りの場所が点在するエリア「シャーマンズフォレスト」。その最高部「展望ステージ」から大パノラマを一望。

本部半島・やんばる

本島最北端の岬・辺戸岬(へどみさき)を望む。周囲にはやんばるの森と海が広がり、晴れた日は与論島や沖永良部島まで見渡せる

> 長い歳月を経て自然の浸食により生み出されたカルスト地形。
> 亜熱帯の森に囲まれて切り立った巨岩や奇岩が林立し、まるで異世界の光景を思わせる。

沖縄本島の最北に位置する四連の岩山は「安須森(アスムイ)」と呼ばれ、琉球神話の神が最初に創った聖地といわれている。その特別な杜に足を踏み入れると、2億5千万年の年月で形成された奇岩巨石が林立しており、その独特の景観はまさに自然が生み出したアート。地元のシャーマンたちの祈りの空間を感じつつ岩山を登っていくと、大海原を見渡せる絶景が待っている。下山ルートには沖縄最大級のソテツの群生地や、さまざまな姿の巨大なガジュマルなど、変化に富んだ風景に出会える。

「悟空岩」と呼ばれるタワー状のカルスト。古生代の石灰岩が侵食されてできた

## ACCESS
**アクセス**

那覇空港
↓ 車で1時間
許田IC
↓ 車で1時間5分
アスムイハイクス

沖縄自動車道の終点、許田ICから名護東道路、国道58号などで約54km。沖縄北部のやんばる方面へは、車でのアクセスが便利。

## INFORMATION
**問い合わせ先**

アスムイハイクス
☎0980-41-8117

## DATA
**観光データ**

所 国頭村宜名真1241 開 9:30〜17:30 (最終受付16:00) 休 無休 料 2500円
P 普通車130台

## BEST TIME TO VISIT
**訪れたい季節**

オールシーズン楽しめるが、時期によって見られる動植物が異なり、ハイキングのスタート地点には花や蝶などがいることもある。また、雨の日も散策ができ、しっとりと濡れた石灰岩は晴れた日とは違う風情がある。霧が出ているときには幻想的な風景が広がる。普段は石の下や葉の裏などに隠れている小さな生き物たちも顔を出してくれるかも。

## 琉球神話の杜を歩く特別な時間

**音声ガイドを聞きながら歩き、奥深い魅力を知る。**

自然に囲まれたスピリットラウンジでスタッフによるコース説明の後、プチガイドツアーでスタート地点まで案内してくれる。音声ガイドを使用して散策するとカルスト地形の成り立ちや、亜熱帯特有の植物、民間信仰の祈りの対象となっている場所など、この杜の魅力を感じることができる。

1 スピリットラウンジではドリンク休憩もできる／2 日本最大級のウガンガジュマル／3 聖域の山から登る朝日が壁面にあたりパワーが強い場所とされる石林の壁／4 3回くぐると新たな自分に生まれ変わると伝えられる生まれ変わりの石

## あわせて訪れたい周辺のスポット

手つかずの森林が生み出すスポットが広がるやんばるエリア。ダイナミックな自然の息吹を感じよう。

### 辺戸岬
へどみさき

**MAP** P.89 E-1

本島最北端の岬。断崖に打ち寄せる荒波がダイナミック。晴れれば鹿児島の与論島が見える。かつての祖国復帰拠点としても知られている。

☎0980-43-0977（辺戸岬観光案内所） 交許田ICから約55km 所国頭村辺戸 料見学自由 Pあり

> 太平洋と東シナ海の荒波が打ち寄せる

> 波しぶきが散る
> 最北の地

### ヤンバルクイナ展望台
ヤンバルクイナてんぼうだい

**MAP** P.89 E-1

高さ11.5mの展望台は村の鳥であるヤンバルクイナをモチーフにし、辺戸岬など雄大な景勝地を一望できる。

☎0980-43-0977（辺戸岬観光案内所） 交許田ICから約57km 所国頭村辺戸 料見学自由 Pあり

> 展望台内部にある展望窓からの眺望

> やんばる随一の景勝地

> 眼下にサンゴ礁の海が広がる

> 山の上に現れる
> 巨大な鳥

> 首の部分と横側に展望窓がある

### 茅打バンタ
かやうちバンタ

**MAP** P.89 E-1

高さ80mの切り立った断崖。茅を投げ込んだら強風でバラバラに飛び散ったのが名の由来。

☎0980-43-0977（辺戸岬観光案内所） 交許田ICから約52km 所国頭村宜名真 料見学自由 Pあり

### ヤンバルクイナ生態展示学習施設「クイナの森」
ヤンバルクイナせいたいてんじがくしゅうしせつ「クイナのもり」

**MAP** P.89 E-2

やんばるの森を再現した観察ブースで、ヤンバルクイナの特性を間近で学べる。生態や環境をスタッフ解説付きで観察できる。

☎0980-41-7788 交許田ICから約54km 所国頭村安田1477-35 時9:00～16:30最終受付 休水曜 料入館700円 Pあり

> ヤンバルクイナの魅力を深く知る

> 入口にはさまざまなヤンバルクイナのオブジェが

本部半島・やんばる

# エリアガイド

## 見どころの多い本部半島と亜熱帯の森が広がる「やんばる」

　沖縄本島きっての人気スポット・沖縄美ら海水族館がある本部半島。空港や那覇市街地、西海岸リゾートエリアなど各方面からもアクセスは良好な地域で、風光明媚な瀬底島、古宇利島などとは橋でつながっている。高台に位置する今帰仁城跡やワルミ大橋からの眺望もおすすめだ。

　豊かな亜熱帯の自然が残る本島北部は、ヤンバルクイナをはじめ、貴重な動植物が生息している。名護から車で2時間ほどかかるが、最北端の辺戸岬、茅打バンタからの雄大な風景もぜひ見ておきたい。

　東側の慶佐次川周辺にはマングローブ林が広がり、ツアーなどに参加すれば、その生態を知ることができる。

### 交通 information

**街巡りのポイント**

本部半島は名護を起点に路線バスが運行。空港から沖縄美ら海博物館方面への直通バスもある。

●タクシー
本部町内に複数のタクシー会社がある。人数が揃えば、チャーターして利用するのもおすすめ。

●路線バス
空港から主要リゾートホテルを結ぶバスが運行。路線バスの場合、コザか北部の名護バスターミナルを起点に運行。

●観光バス
定期観光バス「美ら海水族館と今帰仁城跡」を利用すれば、ほかのエリアに滞在していても、手軽に本部半島を周遊できる。

沖縄バス ☎098-862-6737

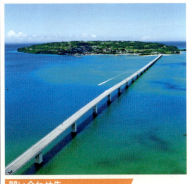

**問い合わせ先**

本部町観光協会
☎0980-47-3641 ❖那覇空港から車で1時間30分
本部町大浜881-1 ⏰9:00～17:00 土・日曜、祝日

本部半島・やんばる

# TRAVEL PLAN

沖縄本島のなかでも、とりわけ自然が魅力的なエリア。パイナップル畑や人気の水族館を満喫しよう。

### ナゴパイナップルパーク

**パイナップルのテーマパーク**

**MAP** P.88 B-4

自動運転のカートでパイナップル畑を見学。パインのお菓子やワインを試食・試飲しながらショッピングも楽しめる。パインが揃うカフェなど施設が充実。

☎0980-53-3659 許田ICから約11km 名護市為又1195 10:00〜18:00(最終受付17:30) 無休 1200円 あり

雨の日でも濡れずに見学ができて便利

## COURSE

| 10:00 | 許田IC |
| --- | --- |
| ↓ | 車で20分 |
| 10:20 | ナゴパイナップルパーク |
| ↓ | 車で20分 |
| 11:10 | 瀬底島 |
| ↓ | 車で14分 |
| 13:00 | 沖縄美ら海水族館 |
| ↓ | 車で3分 |
| 15:00 | 備瀬のフクギ並木 |
| ↓ | 車で10分 |
| 16:30 | 今帰仁城跡 |
| ↓ | 車で36分 |
| 17:15 | 許田IC |

### 瀬底島
せそこじま

**MAP** P.88 A-3

瀬底ビーチは沖縄屈指の透明度を誇る

### 沖縄美ら海水族館 → P.76
おきなわちゅらうみすいぞくかん

**MAP** P.88 A-3

1日2回行われるジンベエザメの給餌が人気

写真提供：国営沖縄記念公園(海洋博公園)・沖縄美ら海水族館

**さわやかで絵になる散歩道**

緑のトンネルが続く癒やしの散策路

### 備瀬のフクギ並木
びせのフクギなみき

**MAP** P.88 A-3

台風から家々を守る防風林として植えられたフクギが集落を囲む。緑のトンネルが続く並木道は、木陰が心地よい格好の散策スポット。

☎0980-47-3641(本部町観光協会) 許田ICから約29km 本部町備瀬 見学自由 あり

### LUNCH

**アジアの中の沖縄を味わう**

**cafe CAHAYA BULAN**
カフェチャハヤブラン

**MAP** P.88 A-3

バナナやブルーベリーを使用したアサイーボウル1300円

☎0980-51-7272 許田ICから約28km 本部町備瀬429-1 10:00〜18:00(LO17:30) 無休 あり

### 今帰仁城跡
なきじんじょうせき

**MAP** P.88 B-3

琉球統一前に築かれた世界遺産の城跡。高所から見下ろせば、曲線を描く石積みの城壁と緑、青い海の壮大なコントラストを楽しめる。

☎0980-56-4400 許田ICから約26km 今帰仁村今泊5101 8:00〜18:00(5〜8月は〜19:00) 無休 600円 あり

**歴史に彩られる風景**

ライトアップされた桜並木が幻想的

14世紀の北山王の居城で、琉球王国時代には北部地域の拠点として北山監守が配置された

# TRAVEL PLAN

エメラルドグリーンの海に囲まれた古宇利島。絶景スポットや地元グルメを楽しみながら、島を1周するドライブで癒やしと感動を満喫しよう!

### 古宇利大橋
こうりおおはし
MAP P.88 B-3
➡ P.72

海のパノラマ風景を楽しみながら島へ向かう

## COURSE

| | |
|---|---|
| 10:00 | 許田IC |
| ↓ | 車で30分 |
| 10:30 | 古宇利大橋 |
| ↓ | 車で2分 |
| 11:30 | 古宇利ビーチ |
| ↓ | 車で3分 |
| 13:30 | チグヌ浜 |
| ↓ | 車で4分 |
| 14:00 | ハートロック |
| ↓ | 車で1分 |
| 15:00 | トケイ浜 |
| ↓ | 車で6分 |
| 15:30 | 古宇利オーシャンタワー |
| ↓ | 車で4分 |
| 17:00 | 古宇利大橋 |

橋のたもとにある **人気スポット**

さらさらの砂浜をのんびり散歩するのもおすすめ

### チグヌ浜
チグヌはま
MAP P.88 B-3

沖縄版アダムとイブが暮らしたと伝わる「始まりの洞窟」があり、青いグラデーションの美しい海が魅力の小さな浜。

🚗許田ICから約24km 所今帰仁村古宇利 時見学自由 休— 料見学自由 Pあり(古宇利島の駅 ソラハシ駐車場)

地元で大切にされる **重要な聖地**

「始まりの洞窟」周辺は神秘的な雰囲気が漂う

### 古宇利ビーチ
こうりビーチ
MAP P.88 B-3

「恋の島」古宇利島の入口、古宇利大橋のたもとに広がる人気ビーチ。夕日の眺めも美しい。

🚗許田ICから約24km 所今帰仁村古宇利 時9:00~18:00(4月下旬~10月中旬) 休期間中無休 料無料 Pあり

**本部半島・やんばる**

### ハートロック
MAP P.88 B-3

航空会社のCMで話題となったティーヌ浜にある自然がつくりあげたハート岩や美しい砂浜が魅力。
➡ P.75

恋が叶うという **ジンクスがある**

見る角度で岩が重なり、美しいハートに見える

### LUNCH

古宇利大橋から水平線までを一望
**t&c とうらく**
ティ & シー とうらく
MAP P.88 B-3

メインを肉か魚から選べる沖縄創作ランチ1600円

📞0980-51-5445 🚗許田ICから約25km 所今帰仁村古宇利1882-10 時10:00~18:00(ランチ11:00~) 休水曜不定休 Pあり ※詳細はHP等を要確認

### トケイ浜
トケイはま
MAP P.88 B-3

古宇利島最北端に位置する透明度抜群の浜。独特な岩の景観とシュノーケルが楽しめる。

🚗許田ICから約27km 所今帰仁村古宇利 時見学自由 Pあり

波の力で開いたとされるポットホールが見られる

自然のままの **静かなビーチ**

### 古宇利オーシャンタワー
こうりオーシャンタワー
MAP P.88 B-3

海抜82mの展望塔で古宇利ブルーと古宇利大橋を一望できる。
➡ P.75

潮風を感じる **白亜の展望塔**

亜熱帯庭園をカートで巡り、タワーへとご案内

91

## やんばるの自然に抱かれて滞在

# 絶景ホテルガイド③

亜熱帯の森や美しいビーチなど、本島北部の豊かな自然に囲まれて宿泊できるのが魅力。抜群の立地を誇る海辺のリゾートのほか、客室数の少ない隠れ家ヴィラにも注目したい。

> 青空に白いパラソルが映えるリゾート感あふれるビーチ

> 白い砂浜に青く澄んだ美しい海 ゴージャスな時間を独り占め

### オクマ プライベートビーチ＆リゾート

目の前に1kmの白砂の天然ビーチが広がり、やんばるの風を感じる贅沢な環境。広大な敷地に点在する客室はプライベート感満杯。愛犬と泊まれる「ワンちゃんルーム」や4種のプールも完備。

国頭 MAP P.89 D-2

☎0980-41-2222 ⊗許田ICから車で40分／那覇空港から車で1時間30分 ⌂国頭村奥間913 in 14:00 out 11:00 ￥グランドコテージ（ラウンジ付）1泊朝食付 平日2万5000円～ 休前日2万9000円～ Pあり

---

> 緑の集落にある閑静なヴィラ 海とつながるプールで過ごす

### シークレットプールヴィラ・セジ

備瀬のフクギ並木に囲まれた海辺の集落に建つ高級ヴィラ。2階のオープンテラスにあるインフィニティプールで至極の時間を過ごしたい。

> インフィニティプールから望むサンセット。正面には伊江島が浮かぶ

恩納 MAP P.88 A-3

☎098-923-2915 ⊗石川ICから車で約5km／那覇空港から車で1時間 ⌂恩納村山田3425-2 in 14:00 out 11:00 ￥1泊9万5000円～（食事別） Pあり

---

> 窓際に置かれたデイベッドは絶景の特等席。青い海と木々の色彩が鮮やか

> 高台からプール越しに海を望む 1日3組限定の絶景ヴィラ

### 鵜巣 KOUNOSU
こうのす コウノス

古宇利島の高台にたたずむ3棟のヴィラ。プライベートプール付きで、緑とエメラルドグリーンの海を一望。夏は夕日、冬はザトウクジラが見られることも。

古宇利島 MAP P.88 B-3

☎0980-52-8020 ⊗許田ICから車で約35分／那覇空港から車で1時間40分 ⌂今帰仁村古宇利2196 in 15:00 out 11:00 ￥1泊食事別 平日3万6300円～ 休前日4万1800円～ Pあり

## 慶良間諸島

驚くほど透明度の高い、ケラマブルーの海ではサンゴ礁と遊ぶ熱帯魚やウミガメに出会える。1〜3月頃にはホエールウォッチングも盛ん。那覇から日帰りもできる、シャングリラへ。

座間味島 MAP P.102 C-2
# 古座間味ビーチ
ふるざまみビーチ

コーラルサンドビーチでまどろみ
鮮やかな熱帯魚と戯れる

遊泳期間
4月中旬〜
11月下旬

どこまでも透明で青い海、真っ白な砂浜。あまりの美しさに息をのむ。ただ眺めているだけで自然と心が癒やされる

> 沖縄でも屈指の美しさを誇る古座間味ビーチ。シュノーケリングポイントとしても人気。
> 巨大なザトウクジラを船上から見られるホエールウォッチングも楽しみたい。

ミシュラン・グリーンガイド・ジャポンで2ツ星を獲得した古座間味島南部の絶景ビーチ。三日月形のビーチは、純白のコーラルサンドで、青い海との対比が素晴らしい。波打ち際から数mで、ぐんと深さを増す海は、ビーチエントリーでのシュノーケリングに最適。色とりどりの魚の群れが泳ぐ海中の絶景も楽しみだ。シュノーケリング用品のほか、パラソルやビーチチェアは、ビーチハウスでレンタルできる。冬になると、島の沖合にザトウクジラが姿を現し、船や陸からクジラを見られるホエールウォッチングも。

午前中早めの時間帯には、太陽に照らされてキラキラと光る海を望むことができる

### ホエールウォッチング

座間味島では体長15mにもなるザトウクジラが見られる。陸からクジラの姿を確認後、ベテラン船長が操る小型ボートでクジラのもとへ向かうので、遭遇率99%とも。クジラが船の周りを泳いだり、巨体で跳ねる姿など迫力満点。
**座間味村ホエールウォッチング協会**
☎080-8370-1084 ❖座間味港から徒歩1分 ⌂座間味村座間味109 ⏰8:00～17:00(催行期間のみ) 休不定休 Pなし

1 迫力のクジラのアクションに大興奮
2 ブロウ(呼吸)の際に虹がかかって見えることも

## ACCESS
▶アクセス
**泊港**
↓ クイーンざまみで約1時間
**座間味港**
↓ 車で約1.5km
**古座間味ビーチ**
詳細はP.97「女瀬の崎展望台」のアクセスを参照。

## INFORMATION
▶問い合わせ先
座間味村観光協会 ☎098-987-2277

## DATA
▶観光データ
⌂座間味村座間味 ⏰休料見学自由 Pなし

## BEST TIME TO VISIT
▶訪れたい季節
古座間味ビーチは、4月中旬から11月下旬頃まで遊泳が可能。マリンアクティビティを楽しむには、夏がベストシーズン。7月は台風の数日を除けば晴天が多く、ケラマブルーを存分に楽しめる。平均気温は25～32℃、水温は28～30℃と常夏の楽園である。なお、春はサンゴの産卵期でもあるため、ぜひ見たいという人はツアーへの申込が必須。また、座間味島はクジラが見られるスポットとしても有名。毎年1月から3月末にツアーが催行されている。

### 周辺のスポット

#### 阿真ビーチ
あまビーチ
**ウミガメと夕日が魅力のビーチ**

**MAP P.102 C-2**
世界的に貴重なサンゴ礁域としてラムサール条約に登録された遠浅のビーチ。
☎098-987-2277(座間味村観光協会)
❖座間味港から車で5分 ⌂座間味村阿真 ⏰遊泳可能時間9:00～17:00 休年中利用可 料無料 Pあり

初夏から秋にかけて開花するグンバイヒルガオ

ビーチを見渡すことができるサンデッキからの眺望は、人生観が変わるほど美しい

慶良間諸島

座間味島 MAP P.102 B-1

# 女瀬の崎展望台
うなじのさちてんぼうだい

赤に染まる東シナ海
心震わす「夕日の展望台」

**観賞のポイント**

### 美しい夕陽が正面に
「夕日の展望台」の別名どおり、東シナ海に沈む夕日を正面に望む。水平線に沈む太陽を特等席で眺めよう。

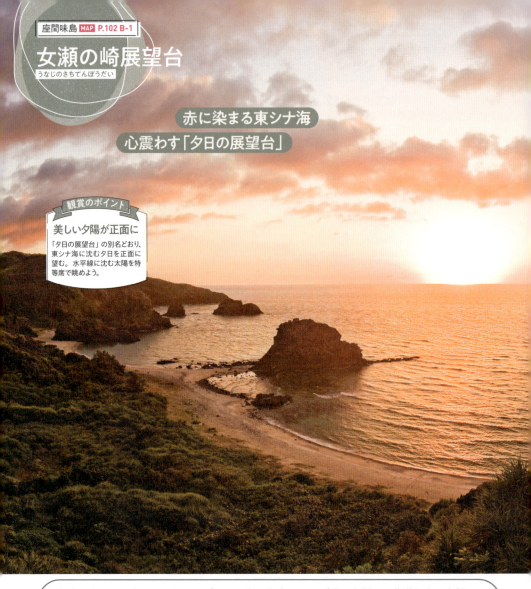

断崖の上の展望台。昼はケラマブルーの海と海中のサンゴ礁、夕刻には荘厳な夕日を望む。座間味島の最西端にあることから、遮るものなく水平線に沈む夕日を眺めることができる。

座間味島西端の岬にある展望台。断崖の上に建つ展望台からは、一面ケラマブルーと呼ばれる慶良間諸島特有の青く澄んだ海を見渡せる。透明度が高いため海中のサンゴ礁まで見ることができる人気の絶景スポットだ。晴れた日には、阿嘉島、渡名喜島や久米島まで見ることができる。岬に露出した岩肌には積み上げられた地層を見ることができ、悠久の自然の営みを感じる。展望台にあるあずま屋では、潮風が心地よく感じられ、時を忘れて風景に見入ってしまう。駐車場も完備している。

駐車場から岬に向けて3分ほど整備された遊歩道を歩く。岬に打ち寄せる波も迫力満点

> 展望台にあるあずま屋から眺める夕日。夕方から太陽が沈んだあとまで、刻々と色を変える夕日と空と海に目を奪われる

## ACCESS
アクセス

泊港
↓ クイーンざまみで約1時間
座間味港
↓ 車で20分
女瀬の崎展望台

沖縄本島の泊港から「フェリーざまみ」と高速船「クイーンざまみ」が運航。「フェリーざまみ」は1日1〜2便、所要1時間30分。高速船「クイーンざまみ」は1日2〜3便、所要50分。フェリーは予約が可能となっている。

## INFORMATION
問い合わせ先

座間味村観光協会 ☎098-987-2277

## DATA
観光データ

所 座間味村座間味 開休料 見学自由
P あり

## BEST TIME TO VISIT
訪れたい季節

特に季節を限定して訪れる必要はない。座間味島には、女瀬の崎展望台だけでなく、高月山展望台やチシ展望台、稲崎展望台、神の浜展望台など、高台から美しい海を一望できる展望台が複数ある。ホエールウォッチングのシーズンである2月から4月頃は、運が良ければクジラの親子を見られるかも!?

慶良間諸島

> 燦燦と輝く太陽に照らされた、昼の展望台からの眺め。色鮮やかな生命力にあふれた光景

> 展望台が崖の最先端にあることがよくわかる。駐車場から少し歩くが訪れる価値十分だ

### 周辺のスポット

**ナガンヌ島**
ナガンヌとう

MAP P.182 B-4

那覇市近くの慶良間諸島入口に浮かぶ小さな島。各種マリンスポーツに加え、設備も充実していて快適。
☎098-860-5860(株式会社とかしき)
交 船で約30分(ツアー参加) 所 渡嘉敷村前島 開休 4〜11月(雨天決行) P なし

> 島全体が純白の砂浜に覆われる

> 世界でも有数の透明度の高さを誇る

97

阿嘉島 MAP P.102 B-2
# 北浜ビーチ
にしばまビーチ

## 阿嘉島から座間味島へ
## 碧のグラデーションを見晴らす

砂浜から沖に向かって徐々に濃さを増すグラデーションのケラマブルーの海の光景は、北浜ビーチならでは

直線的に延びるビーチが景色をさらに広角に見せる。広々としたビーチで開放感たっぷり

ビーチにある3階建てのテラスは無料で誰でも使える。2階はビーチを見渡すベンチ席

> 透明度が高く、独特な濃淡を見せるケラマブルーの海。シュノーケリングやダイビングスポットとしても人気。

沖縄本島から西へ約40kmの慶良間諸島のひとつ阿嘉島にあるビーチ。真っ白な砂浜と慶良間諸島特有のケラマブルーの海にサンゴ礁が広がる。遊泳区域が広いので、海水浴に最適。砂浜から少し泳ぐだけでサンゴやたくさんの熱帯魚が泳ぎまわる海中の絶景が広がる。自分でシュノーケルセットをレンタルしてシュノーケルを楽しめるほか、島内のマリンショップでそのほかのマリンアクティビティも開催。北浜を「ニシバマ」と読むのは、沖縄の言葉をあてはめたから。

## ACCESS アクセス

泊港
↓ クイーンざまみで約50分
阿嘉港
↓ 自転車で約10分
北浜ビーチ

阿嘉島に行くためには高速船かフェリーを利用する必要があり、一度沖縄本島を経由することになる。沖縄本島の泊港から阿嘉島までは、「フェリーざまみ」で約90分、高速船「クイーンざまみ」で約50～70分。島内にはレンタカーやバスなどの交通機関がないため、島内の移動は徒歩やレンタルバイク、レンタルサイクルが基本。

## INFORMATION 問い合わせ先
さんごゆんたく館 098-987-3535

## DATA 観光データ
所 座間味村阿嘉 開 遊泳可能時間8:30～17:30(4月中旬頃～11月下旬頃※ライフセーバー設置期間) 休 年中利用可 料 無料 P なし

## BEST TIME TO VISIT 訪れたい季節
おすすめの季節は夏。シュノーケリングスポットとして人気があり、ダイビングではウミガメが見られる可能性もある。

慶良間諸島

遊泳期間
4月中旬～11月下旬

高台にある北浜展望台からは、白い砂浜から遠ざかるにつれ青さを増す海の色が楽しめる

阿嘉島の海に広がるサンゴ礁の景色を守ろう

## 周辺のスポット

阿嘉島の魅力とサンゴを学べる

### さんごゆんたく館
さんごゆんたくかん

MAP P.102 B-3
阿嘉島の歴史やサンゴの生態や保全について学べる。観光情報も充実。
☎098-987-3535 交 阿嘉港から徒歩3分 所 座間味村阿嘉936-2 開 9:00～17:00(11～3月は～16:00) 休 無休(臨時休業あり) 料 無料 P なし

併設のカフェではアイスクリームも提供している

渡嘉敷島 MAP P.103 D-3

# 渡嘉志久ビーチ
とかしくビーチ

ウミガメがたゆたう
山懐に抱かれたハイダウェイ

遊泳期間
4月〜
11月末

沖縄本島から日帰りツアーで楽しめる距離にもかかわらず、豊かな自然を満喫できる

ウミガメは渡嘉志久ビーチの人気者。ビーチ近くの浅瀬にウミガメが棲みつくのは珍しい

慶良間諸島ならではの白い砂浜と透明で青く美しい海。
波の穏やかなビーチなので、小さな子ども連れでも安心。

渡嘉敷島の西海岸に位置。三方を山に囲まれた半円形の入江にある遠浅の美しいビーチ。浅瀬には、ウミガメが4〜5匹棲みついていて、シュノーケリングで簡単に見ることができるため、ウミガメと一緒に泳ぐのを楽しみに訪れる人も多い。ウミガメとのシュノーケリングをはじめ、バナナボートやSUPなど沖縄本島から送迎付き日帰りアクティビティツアーもある。ビーチのすぐ近くにはキャンプ場があり、刻々と表情を変えるビーチの風景をアウトドアステイで楽しむのもおすすめだ。

## ACCESS
アクセス

泊港
↓ マリンライナーとかしきで約40分
渡嘉敷港
↓ 車で3.2km
渡嘉志久ビーチ

渡嘉敷島に行くには沖縄本島の泊港から出航している定期フェリー「フェリーとかしき」や高速船「マリンライナーとかしき」を利用。フェリーは所要約1時間10分(1日に1便)、高速船は所要約40分(1日に2便)。

## INFORMATION
問い合わせ先

渡嘉敷村役場 観光産業課
☎098-987-2333

## DATA
観光データ

所 渡嘉敷村渡嘉敷 開休料 遊泳可能期間/通年可能 P15台

## BEST TIME TO VISIT
訪れたい季節

夏季シーズン(例年4月〜11月末)が海水浴やシュノーケリングを楽しむのに最適。この期間には監視員が配置され、ビーチ周辺には飲食店や施設、レンタルショップなどが出る。亜熱帯性気候で温暖な島なので、一年中ダイビングを楽しむことができる。運が良ければウミガメに遭遇できるかも。

南国の植物のいきいきとした緑、コーラルサンドの純白の砂浜、遠浅の海とつながるように青い空が広がる

慶良間諸島

## 周辺のスポット

白砂が800m続く
人気のビーチ

**阿波連ビーチ**
あはれんビーチ

MAP P.103 D-3

白い砂浜とケラマブルーの海が広がる、渡嘉敷島を代表するビーチ。トイレやシャワー室が完備され、レンタル設備も充実。

☎098-987-2333(渡嘉敷村観光産業課) 所 渡嘉敷村阿波連 開休料 遊泳可能期間/通年可能 P20台

ゆるやかな湾になっているので海は比較的穏やか

101

# エリアガイド

## 一度は見たいケラマブルーの輝き
## ザトウクジラのブリーチも体験したい

　沖縄本島から西に40kmほどの海域に広がる慶良間諸島は、渡嘉敷島、座間味島、阿嘉島など大小約20の島々からなり、1600人ほどの人々が暮らしている。長い年月をかけて海底に堆積した白いサンゴの色を映した深く澄んだ海の色は、ケラマブルーと讃えられている。

　周辺はザトウクジラの繁殖地としても知られ、冬から春先にかけてはホエールウォッチングを目当てに来島する旅行者も多い。体長12mほどのクジラのブリーチ（ジャンプ）は迫力満点だ。

　沖縄本島から渡嘉敷島まで高速船で40分ほどなので、日帰りでの訪問も可能。渡嘉敷島、座間味島、阿嘉島などにはゲストハウス、ホテルなども揃っている。

### 交通 information

**島巡りのポイント**

那覇から各島へ高速船、フェリーでアクセス。各種ツアーも催行されているので、プランに合わせて選びたい。渡嘉敷島、座間味島、阿嘉島の間は定期航路で結ばれているので島めぐりも可能。各島では、公共の交通機関、レンタカーを利用するか、宿の送迎なども利用できる。

**問い合わせ先**

慶良間諸島国立公園ビジターセンター
青のゆくる館（座間味島）
☎098-987-2277 座間味港から徒歩2分 所座間味村座間味95 営9:00～17:00 休無休（臨時休業あり）

慶良間諸島国立公園ビジターセンター
さんごゆんたく館（阿嘉島・慶留間島）
☎098-987-3535 阿嘉港から徒歩3分 所座間味村阿嘉936-2 営9:00～17:00（11～3月は～16:00）休無休（臨時休業あり）

COLUMN

## 慶良間で楽しむ季節の催し

# 慶良間諸島のイベント情報

海と島の魅力が詰まった慶良間諸島のイベント情報をピックアップ！
各島で開催されるイベントを紹介し、特別な体験をしよう。

装飾を施した伝統的な船と
漕ぎ手たちの勇姿が見どころ

### 阿波連区ハーリー
あわれんくハーリー

ハーリーは、航海の安全や豊漁を祈る伝統行事。サバニと呼ばれる伝統漁船や龍の装飾を付けた爬龍船で漕ぎ競い合う。沖縄各地で開催され、渡嘉敷島の阿波連ビーチでは旧暦5月4日に行われる。

渡嘉敷島 MAP P.103 D-3

☎098-987-2333(渡嘉敷村役場観光産業課) 所渡嘉敷村字阿波連(阿波連ビーチ) 時旧暦5月4日 休雨天決行 料見学自由 Pなし

約600年前に中国から伝わった爬龍船競漕がルーツといわれている

迫力ある伝統芸能の演舞や
フィナーレを飾る花火は必見

### 鯨海峡とかしきまつり
くじらかいきょうとかしきまつり

ケラマブルーの海やザトウクジラで有名な渡嘉敷島で開かれる盛大なイベント。和太鼓やエイサー演舞、アーティストによるステージなどが楽しめる。華やかなレーザー&花火ショーも見逃せない。

島を代表する創作和太鼓チーム・慶良間太鼓の演舞は見応えがある

南の島の夏を盛り上げる
楽しいステージが目白押し

### 座間味島祭り
ざまみしままつり

8月に催される恒例の夏祭り。屋外ステージで太鼓、エイサー、琉球舞踊、ハワイアンフラ、音楽ライブなどが披露され、打ち上げ花火で最高潮を迎える。飲食店テナントも充実。

伝統芸能の勇壮なエイサー。力強い太鼓が響き、会場が熱気に包まれる

渡嘉敷島 MAP P.103 E-2

☎098-987-2333(渡嘉敷村役場観光産業課) 所渡嘉敷村字渡嘉敷(渡嘉敷小中学校グラウンド) 時10月の土曜(予定) 休雨天決行 料参加無料 Pなし

座間味島 MAP P.102 C-2

☎098-896-4321(座間味島祭り実行委員会事務局(座間味村商工会)) 所座間味村座間味(座間味村歴史文化・健康づくりセンター) 時毎年8月下旬の18:00～ 休雨天決行 料参加無料 Pなし

104

# 本島周辺の島々

主に東シナ海に浮かぶ沖縄諸島。青海原に抱かれた開放的な海景色が素晴らしい。島固有の文化や歴史、祭礼も魅力だ。本島の東に浮かぶ南大東島へも那覇が起点となる。

# 久米島 くめじま

**久米島町**

## 交易で栄えた豊饒（ほうじょう）の島 車エビ＆海ブドウ生産量日本一

### ハテの浜
ハテのはま

**美しすぎる まるで地上の楽園**

MAP P.107-1

久米島の東約5km沖に浮かぶ3つの浜でできた全長7kmの砂州。東洋一美しいとされ、映画やCMのロケ地としても知られ、海水浴やシュノーケリングが楽しめる。ハテの浜は島の東、奥武島・オーハ島の沖合に浮かぶ砂の島。

☎098-851-7973（久米島町観光協会）所久米島町奥武 開休料ハテの浜行きのツアーに参加 Pなし

### ミーフガー

**子宝に恵まれる パワースポット**

MAP P.107-2

北西部の海岸にそびえる女性のシンボルとされる巨大な奇岩で、子宝祈願の対象になっている。7月中旬〜8月初旬には岩穴から日の出を拝める。

☎098-851-7973（久米島町観光協会）交久米島空港から車で10分 所久米島町仲村渠 開休料見学自由 Pあり

MAP P.107

沖縄本島の西約100km沖合、琉球王朝時代から美しい島と讃えられ、"球美の島"とも呼ばれていた

沖縄本島、西表島、石垣島、宮古島に次ぎ県内では5番目の大きな島。豊かな自然を背景に島のほぼ全域が県立自然公園に指定され、エメラルドグリーンの海に白い砂浜やサンゴ礁が広がるビーチでのマリンスポーツが人気。琉球王朝時代から海外交流の要所となり、往時を偲ばせる遺跡が残る。県指定の無形文化財の久米島紬や国内有数の生産量を誇る車エビ、南国のフルーツなど、伝統文化やご当地グルメも満喫できる。

## ACCESS
アクセス

那覇空港
↓ 飛行機で約35分
久米島空港

日本トランスオーシャン航空（JTA）、琉球エアーコミューター（RAC）の2社が運行。1日6〜7便。※運行状況は各航空会社の公式サイトで要確認
久米島空港☎098-985-4812

## INFORMATION
問い合わせ先

久米島町観光協会☎098-851-7973

久米島

まばゆいエメラルドグリーンの海が広がる

### 宇江城城跡
うえぐすくじょうあと
MAP P.107-3
標高約310mの宇江城岳山頂にある琉球統一以前のグスク時代の城跡。県内で最高所に位置する城跡で久米島全体を見下ろせる絶景スポットだ。
☎098-851-7973（久米島町観光協会） 久米島空港から車で20分 久米島町宇江城 休料見学自由 Pあり

ここから360度の眺望が楽しめる

3 宇江城城跡
2 ミーフガー
久米島空港
久米島町
兼城港
オーハ島
奥武島
（一社）久米島町観光協会
久米島
ハテの浜 1
島尻崎
0 4km

# 伊是名島 いぜなじま

**伊是名村**
伝説の山々から神が見守る 赤瓦や石垣、フクギ並木の集落

**ピラミッド形の天然の要塞**

### 伊是名城跡
いぜなじょうせき
MAP P.109-1

琉球王国を成立させ、第一尚氏の王朝を築いた尚巴志王の祖父、鮫川大主の築城とされる。海に囲まれた断崖絶壁にあり、難攻不落の要塞となっていた。
☎0980-45-2435（いぜな島観光協会） 交仲田港から車で約3分 所伊是名村伊是名 料休見学自由 Pあり

**白い砂浜が続くロングビーチ**

### 伊是名ビーチ
いぜなビーチ
MAP P.109-2

島の南西部にある遠浅のビーチ。サンゴ礁やサンセットを背景に海水浴やキャンプが楽しめる。
☎0980-45-2435（いぜな島観光協会） 交仲田港から車で10分 所伊是名村伊是名 料休見学自由（指定管理されたビーチではない） Pあり

MAP P.109

> サンゴ礁に囲まれた小さな島。
> 琉球王国の史跡が残り、美しい自然に癒やされ、歴史に思いを馳せたい

# 伊是名島

沖縄本島の北西に浮かぶ周囲約16.7kmの島。コバルトブルーの海に囲まれ、チヌ（クロダイ）釣りのポイントが多く、釣り好きにも人気がある。小高い山が連なり、真っ白な砂浜や琉球松の群落など豊かな自然が魅力で、サンゴの石垣やフクギ並木の集落が旅情をかき立てる。また神様を祀る御嶽（うたき）と呼ばれる聖地が点在し、琉球王朝第二尚氏（1470～1897）の始祖である本村出身の尚円王（しょうえんおう）ゆかりの史跡や文化遺産が数多く残っている。

島のシンボルの城跡からの眺望がおすすめ

## ACCESS アクセス

運天港（今帰仁村）
↓ フェリーいぜな尚円で約55分
仲田港

フェリーは1日2便運行（午前・午後の各1往復）。※運行状況は伊是名村の公式サイトで要確認
仲田港ターミナル ☎0980-45-2002

## INFORMATION 問い合わせ先

いぜな島観光協会 ☎0980-45-2435
伊是名村役場 商工観光課
☎0980-45-2534

### 海ギタラ
うみギタラ

海中に屹立する切り立った岩山

MAP P.109-③

島の南東部にある絶景スポットで、ギタラとは切り立つ岩の意味。山間には陸ギタラがあり、ギタラ展望台から海と山の両ギタラを間近に眺めることができる。
☎0980-45-2435（いぜな島観光協会） 交 仲田港から車で15分 所 伊是名村 開 休 料 見学自由 P なし

# 渡名喜島 となきじま

**渡名喜村**
ダイバー垂涎の渡名喜ブルー 南国の原風景が残る島

## あがり浜
あがりはま
**MAP** P.111-1

**島内唯一の遊泳できるビーチ**

島の東側にある延長約700mの美しい白砂のビーチで、遠浅なので家族連れに人気がある。大正8年(1919)から続いている伝統的な水上運動会が開催されている。

☎098-996-3758(渡名喜村観光協会) 交渡名喜港から徒歩10分 所渡名喜村 休見学自由 Pあり

## フットライト通り
フットライトどおり
**MAP** P.111-2

**白砂の道を美しく照らす**

役場～あがり浜まで約540mの村道1号線は、夜になるとフットライトでライトアップされ、幻想的な雰囲気に包まれる。

☎098-996-3758(渡名喜村観光協会) 交渡名喜港から徒歩1分 所渡名喜村(村道1号線) 休見学自由 Pなし

MAP P.111

県立自然公園に指定されている小さな島。時が止まったようなノスタルジックな風景に出会える

ウミガメが泳ぐのどかな風景に癒やされる

那覇市の北西約58kmに位置し、周囲約12.5kmの渡名喜島とその西約4km沖にある無人島の入砂島(いりすなじま)を併せた渡名喜村は、約3.87km²で県内最小の村。昔ながらの赤瓦の古民家が立ち並び、樹齢300年といわれるフクギ並木が連なる沖縄の原風景が残り、国の重要伝統的建造物群保存地区に選定されている。東シナ海に囲まれた手つかずの自然も魅力で、特に満潮時には岸辺で多くのウミガメを観察でき、冬にはクジラの回遊を見ることもできる。

### ACCESS アクセス

**泊港(那覇市)**
↓ フェリー「琉球」「海邦」で約2時間
**渡名喜港**

1日1便運行。4〜10月の夏季限定で、金曜日のみ那覇行の午後便(2便目)が運航する。※運行状況は久米商船株式会社の公式サイトで要確認
久米商船株式会社(渡名喜支店)
☎098-989-2479

### INFORMATION 問い合わせ先

渡名喜村観光協会 ☎098-996-3758

渡名喜島

### 大本田展望台
うふんだてんぼうだい
MAP P.111-③

パノラマの展望が広がる

島の南部に位置する標高165mの大本田岳の頂上にある。王府時代には烽火台の役割を果たしていた場所で、久米島や粟国島、慶良間諸島を一望できる。
☎098-996-3758(渡名喜村観光協会) 交 渡名喜港から車で15分 所 渡名喜村 料 見学自由 休 — P あり

111

# 粟国島
あぐにじま

**粟国村**

## 本島から60km沖、青海原に浮かぶ小島

**透明度抜群の美しいビーチ**

### ウーグの浜（長浜ビーチ）
ウーグのはま（ながはまビーチ）
**MAP** P.113-①

島の最東端にあり、約1kmにわたって白砂が続くサンゴ礁に囲まれた遠浅のビーチ。ウーグは「細長い」という意味。
☎098-896-5151（粟国村観光協会）交粟国空港から車で7分 所粟国村浜 料見学自由（指定管理されたビーチではない）Pあり

**自然が生み出した神秘的な造形**

### 東ヤマトゥガー
あがりヤマトゥガー
**MAP** P.113-②

島の南西部の海岸近くにある巨大な割れ岩で、幅約1mの隙間が通り道になっている。その先には戦後に造られた簡易水道施設跡が残っている。
☎098-896-5151（粟国村観光協会）交粟国空港から車で10分 所粟国村西 休料見学自由 Pあり

112

MAP P.113

火山の堆積物からなる景観が広がり
リゾート開発されていない
昔ながらの集落と美しい自然が残る

火山岩と隆起サンゴが
織りなす風景が魅力

那覇市の北西約60kmにある周囲約12kmの小さな島。かつては粟の産地で粟島とも呼ばれ、飢饉の際に植えられたソテツが多く残り、ソテツの島とも称されていた。火山岩によって形成された島で、白色凝灰岩でできた白亜の壁や海水の浸食による海食崖などほかの離島には見られない独特の景観が魅力。一方、東海岸には白砂の美しいビーチが広がり、島の西南端にある筆ん崎は回遊魚が狙えるダイビングポイントとして知られている。

### ACCESS アクセス

那覇空港
↓ 飛行機で約30分
粟国空港

第一航空株式会社が運行。1日1往復で、週4往復程度(月曜日・火曜日・水曜日・土曜日)。※運航状況は航空会社の公式サイトで要確認
粟国空港 ☎098-988-2313

### INFORMATION 問い合わせ先

粟国村観光協会 ☎098-896-5151

粟国島

島内随一の
ビューポイント

### マハナ岬
マハナみさき
MAP P.113- 3

島の最西端の海抜約96mの断崖には草原が広がり、東シナ海の絶景が見渡せる。バードウォッチングや夕日スポットとしてもおすすめ。
☎098-896-5151(粟国村観光協会) 交 粟国空港から車で12分 所 粟国村西
開休料 見学自由 P あり

113

# 伊江島
いえじま

伊江村

## 本島からのプチトリップは穏やかな島時間が流れる

**大海原と断崖の絶景が広がる**

### 湧出展望台
わじーてんぼうだい
MAP P.115-①

高さ約60mの断崖絶壁が連なる島の北西海岸に設けられた展望台。その下には古くから島民の貴重な湧水があり、干潮時には、湧水が出ている様子を観察できる。
☎0980-49-3519（伊江島観光協会）交伊江港から車で10分 所伊江村東江上 休休 料見学自由 Pあり

**ご利益の力石がある天然の洞窟**

### ニャティヤ洞
ニャティヤがま
MAP P.115-②

島の南西部の海岸に大きな洞窟。戦時中は防空壕として使われ、千人壕とも呼ばれていた。洞窟内には子宝に恵まれるという「ビジル石」がある。
☎0980-49-3519（伊江島観光協会）交伊江港から車で10分 所伊江村川平 休休 料見学自由 Pあり

MAP P.115

離島ならではの風景が魅力で、マリンスポーツも充実。本島から日帰りで島内観光が楽しめる

巨人、チカラタンナーパの伝説が残る島

沖縄本島の北西約9kmに浮かぶ、周囲約22.4kmの小島。東部にそびえるとんがり帽子のような形の「タッチュー」と呼ばれる標高172mの城山が島のシンボル。第二次大戦時には激戦地となった悲しい歴史もあり、現在は島の面積の約1/3が米軍の管理下にあるが、エメラルドグリーンの海に囲まれた島の南側には美しい白砂のビーチが続き、島内の随所に観光スポットが点在するので、レンタカーやレンタサイクルを利用するなど、島巡りを楽しみたい。

## ACCESS アクセス

**本部港(本部町)**

カーフェリー「いえしま」「ぐすく」で約30分

**伊江港**
1日4便運行(午前・午後の各2往復)。
※運行状況は伊江村の公式サイトで要確認
伊江港(伊江村公営企業課)
☎0980-49-2255

## INFORMATION 問い合わせ先

伊江島観光協会 ☎0980-49-3519

伊江島

海を背景に真っ白なユリが咲く

### リリーフィールド公園
リリーフィールドこうえん
MAP P.115-3

北海岸の広大な敷地に整備された公園で、毎年4月中旬から伊江島ゆり祭りが開催され、村の花のテッポウユリ約20万球100万輪をはじめ世界のユリが咲き誇る。
☎0980-49-3519(伊江島観光協会) 交伊江港から車で10分 所伊江村東江上3087 開休料見学自由 Pあり

# 南大東島
みなみだいとうじま

南大東村

## 見渡す限りの海に囲まれた孤島で、地球の鼓動を感じる

冒険心をかきたてるスポットが満載

### バリバリ岩
バリバリいわ

ダイトウビロウがそびえ立つ

MAP P.117-1

この島は現在も年に約4cm〜最大7cmほど北西に移動しているといわれ、その地殻変動により大きく割れた岩山がある。人が通れるほどの空間があり、神々しい雰囲気が漂う。

☎09802-2-2815(南大東村観光協会) 交南大東空港から車で20分 所南大東村北 開休料見学自由 Pあり

## 南大東島

大東ブルーといわれる紺碧の海に囲まれた沖縄の最後の秘境。ワイルドに大自然を体感できる島

沖縄本島から東に約360km離れた絶海の孤島。明治33年(1900)に八丈島からの開拓移民が来るまでは無人島だった。サンゴ礁が隆起してできた島で、雨水が溜まってできた大小110ほどの湖沼があり、島の中央部にある大池は南西諸島で最大。サトウキビ畑の風景が広がり、かつてはシュガートレインが走っていた。沖縄でありながら、白砂のビーチはなく、断崖絶壁や神秘的な鍾乳洞、満点の星空を仰ぎ、非日常体験を満喫できる。

### ACCESS アクセス

| 那覇空港 |
| --- |
| ↓ 飛行機で約1時間 |
| 南大東空港 |

琉球エアーコミューター(RAC)が運行。1日2便運行(午前・午後 各1往復)。※詳細は航空会社の公式サイトで要確認
南大東空港☎09802-2-2546

### INFORMATION 問い合わせ先

南大東村観光協会☎09802-2-2815

**海に面した岩場をプールに改造**

**海軍棒プール**
かいぐんぼうプール
MAP P.117-[2]

断崖絶壁に囲まれた南大東島には砂浜がないため、海水浴ができるように、明治25年(1892)、軍艦が標柱を立てた場所の岩礁をくりぬいて造った人工のプール。
☎09802-2-2815(南大東村観光協会) 交南大東空港から車で10分 所南大東村旧東 時休料見学自由 Pあり

**大自然がつくった幻想空間**

**星野洞**
ほしのどう
MAP P.117-[3]

島内に約120カ所ある鍾乳洞のうち最大で延長約375m。乳白色の鍾乳石が神秘的な世界を創出している。
☎09802-2-2815(南大東村観光協会) 交南大東空港から車で15分 所南大東村北64 時9:00～11:30、13:00～16:30 休無休 料1000円 Pあり

COLUMN

## まだまだある！沖縄の島々

# 魅力あふれる個性的な島々を訪れよう

沖縄本島周辺には、美しい海と自然に囲まれた魅力的な離島が点在。
のんびり島時間を過ごしながら、個性豊かな文化や絶景を満喫しよう！

アマミキヨが島づくりのため、最初に降り立ったとされるカベール岬

多くの神事が行われる神の島
島巡りはレンタサイクルで

### 久高島
くだかじま

周囲8kmの小島。沖縄の創世神・アマミキヨが降臨し、海の彼方にある神々の楽園ニライカナイに通じる地とされ、島全体が聖地と崇められている。琉球七御嶽のひとつ、フボー御嶽などの拝所が点在し、神話にまつわる伝説の地が数多く残る。

**ハビャーン（カベール岬）**
ハビャーン（カベールみさき）
久高島 MAP P.41 E-3
☎なし ◎徳仁港から約4km ⦿南城市知念久高 ⦿休料散策自由 Pなし

素朴な景色が広がる
沖縄最北端の島

### 伊平屋島
いへやじま

沖縄最北端の有人離島・伊平屋島。細長い島には、素朴な自然と伝統文化が息づく。200m超の緑豊かな山々が広がり、昔ながらの風景が残る。

最上階からは沖縄本島や集落、ニンジン畑、トゥマイ浜まで一望できる

長さ2kmの砂州のビーチ。キャンプ場併設で、夜は満天の星が広がる

**米崎ビーチ**
よねざきビーチ
伊平屋島 MAP P.182 C-1
☎0980-46-2526（伊平屋島観光協会）◎伊平屋島前泊港から約7km ⦿伊平屋村島尻 ⦿休料散策自由 料無料 Pなし

島の高台にあるニンジン型の展望台。ベンチもニンジンの形をしている

キャロット愛ランド・
津堅島を探訪

### 津堅島
つけんじま

沖縄本島東側に位置し、「キャロット愛ランド」として知られ、収穫期には港にニンジンが山積みされる風物詩が見られる。旧暦の伝統行事が残り、聖地も点在。

**にんじん展望台**
にんじんてんぼうだい
津堅島 MAP P.182 C-4
☎098-989-1148（うるま市観光物産協会）◎港から自転車で約15分 ⦿うるま市勝連津堅 ⦿休料散策自由 Pなし

# 宮古諸島

飛行機の窓から見下ろすミヤコブルーの海。サンゴ礁に囲まれた平坦な島々が浮かぶ。中心の宮古島からは橋梁で結ばれた島もあり、まるで楽園のような風景が広がる。

沖縄県宮古市 MAP P.139 E-4

# 東平安名崎
ひがしへんなざき

可憐なテッポウユリが寄り添う
荒波が打ち寄せる断崖絶壁

観賞のポイント

**遊歩道を散策**

駐車場から岬の先端まで遊歩道が整備され、海沿いの絶景や多様な植物などを眺めながら散歩できる。

宮古諸島

平安名埼灯台は岬のシンボル。全国に16基ある「のぼれる灯台」のひとつで、97段の階段を上りきると、2つの大海のパノラマが広がる

> 高さ約20mの険しい断崖が続き、巨岩に砕ける白波と紺碧の海のコントラストが鮮やか。東シナ海と太平洋の波がぶつかる地点にあり、迫力ある自然の風景は見応えがある。

宮古島の最東端、約2kmにわたって細長く延びる岬。北に東シナ海、南に太平洋を望むダイナミックな景観が素晴らしく、「日本の都市公園百選」のほか、国の名勝にも指定されている。岬の先端には高さ24.5mの平安名埼灯台が立ち、頂上から360度の絶景を一望。遠方にはどこまでも続く水平線、眼下には荒波が打ち寄せる断崖が連なり、リーフ内には江戸時代の大津波で打ち上げられたと伝わる巨岩が点在する。遊歩道周辺は四季折々の花で彩られ、大自然の息吹を感じながら散策できる。

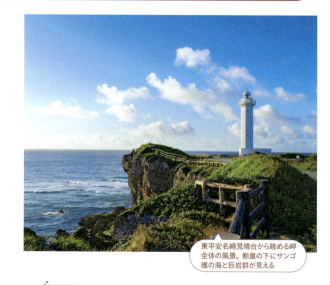

東平安名崎見晴台から眺める岬全体の風景。断崖の下にサンゴ礁の海と巨岩群が見える

## ACCESS
アクセス

- 那覇空港
- ↓ 飛行機で約50分
- 宮古空港
- ↓ 車で35分
- 東平安名崎

県道243号〜県道78号〜国道390号〜県道83号と進む。渋滞もないので、ほぼ時間通りに着くと考えてよい。宮古島中心地の平良市街からでも30km、40分程度だ。

## INFORMATION
問い合わせ先

宮古島観光協会
☎0980-79-6611

## DATA
観光データ

所 宮古島市城辺保良 開 9:00〜16:30(灯台) 料 無休 300円(灯台) P あり

## BEST TIME TO VISIT
訪れたい季節

目的に合わせて訪れる季節が異なるスポット。市街地から離れているため、夏には満天の星や天の川を肉眼で楽しめる。また、宮古島で最初に朝日が昇る場所として知られている。シンボルの灯台には通年登ることができる。

## 東平安名崎で見ておきたい

季節の花々や伝説のスポットに注目。満天の星や日の出も美しい。

一年を通して風が強い東平安名崎では、厳しい環境に適応した植生が見どころ。県の天然記念物であるテンノウメや春のテッポウユリなど季節ごとに花々が咲き誇る。遊歩道の途中にある巨岩は、断崖から身を投げたという美女マムヤの伝説で有名。海から昇る朝日や天の川が輝く星空も一見の価値がある。

1 テッポウユリなど野生の花々を観賞できる／2 灯台越しに見える星空は格別／3 黄金色に輝く朝日と点在する岩塊が幻想的／4 美女マムヤの悲恋が伝わる巨岩墓「マムヤのお墓」

## あわせて訪れたい周辺のスポット

東平安名崎周辺は美しいサンゴ礁の海岸や神秘的な鍾乳洞、
美しい花々が楽しめる宮古島屈指の観光エリア。

### 伝統工芸品の手作り体験

#### 宮古島市体験工芸村
みやこじましたいけんこうげいむら

MAP P.138 C-3

宮古牛の角アクセサリー作りや藍染め、シーサー作りなど、体験を通して宮古島の文化や歴史を知ることができる体験施設。雨天の日も充実した時間を過ごせる。

☎0980-73-4111 ◉宮古空港から車で6分 ⌂宮古島市平良東仲宗根添1166-286 ⏰10〜16時最終受付 休各工房により異なる 料2750円〜 ℗あり ※予約がおすすめ

チガヤ工房には、昔の生活を支えた民具の数々が展示されている

#### 多良川
たらがわ

MAP P.139 D-4

宮古島の地下を流れる伏流水を仕込み水とし、昔ながらの常圧蒸留にこだわる。製造工程や多良川の歴史を知ることができる酒造見学が人気。

☎0980-77-4108 ◉宮古空港から車で15分 ⌂宮古島市城辺砂川85 ⏰10:00〜16:30(要確認) 休日曜 料無料 ℗あり

壁に描かれた大きな泡盛のイラストが目印

### 世界も注目する泡盛ブランド

地下洞窟で熟成された酒は特別な日に蔵出しされる

### 神秘的な鍾乳洞で遊ぶ

鍾乳洞探検やサンゴ、熱帯魚を間近で楽しめる

#### 保良泉ビーチ
ぼらがービーチ

MAP P.139 E-4

東平安名崎へ続く道の途中にあるビーチ。鍾乳洞を探検するツアーの利用客や家族連れで賑わう。

☎0980-73-2690(宮古島市観光商工課) ◉宮古空港から車で30分 ⌂宮古島市城辺保良 休見学時間 ℗あり

#### 吉野海岸
よしのかいがん

MAP P.139 E-3

砂浜は約500mと長く広い。サンゴ礁が豊かで、シュノーケリングスポットとして名高い。

☎0980-73-2690(宮古島市観光商工課) ◉宮古空港から車で30分 ⌂宮古島市城辺吉野 休見学自由 料1000円(駐車場利用料) ℗あり

波打ち際まで迫るサンゴ礁

宮古島でいちばんのシュノーケルポイント

宮古諸島

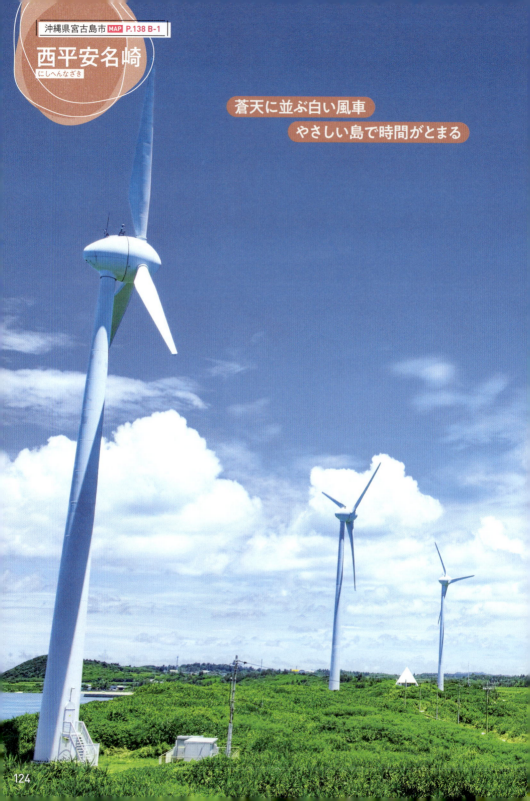

沖縄県宮古島市 MAP P.138 B-1
## 西平安名崎
にしへんなざき

蒼天に並ぶ白い風車
やさしい島で時間がとまる

| 観賞のポイント |
| --- |
| **風車が立ち並ぶ** |
| 岬に立ち並ぶ風車は景観のアクセント。晴れた日は青空に映え、夕暮れどきにはシルエットが浮かび上がる。 |

宮古諸島

西平安名崎展望台から見渡す風景。緑に覆われた岬の両側には青く澄んだ海が広がり、海風を受けて回る大きな風車が存在感を放っている

エメラルドグリーン色の穏やかな海に囲まれ、東平安名崎とは対照的な風景が広がる西平安名崎。岬の中ほどから先端にかけて風力発電の風車がそびえ立ち、独特の景観をなしている。

宮古島の北西端に位置し、東シナ海に面した岬。同じ宮古島の岬でも、東平安名崎の荒々しい光景とは異なり、穏やかでのんびりとした景観が印象的だ。展望台からは、南西に伊良部島、北に池間島と池間大橋、東に大神島を一望。海は透き通ってエメラルドグリーンに輝き、たそがれ時には幻想的な赤色に染まる。岩場を歩いて岬の先端まで行くこともできるが、足場が悪いので注意が必要。展望台の手前には風力発電所の巨大な風車が立ち並び、西平安名崎を象徴する風景となっている。

展望台から望む池間大橋。周囲には池間ブルーと呼ばれる澄んだ青色の海が広がる

## ACCESS
アクセス

那覇空港
↓ 飛行機で約50分
宮古空港
↓ 車で45分
西平安名崎

県道243号～県道83号～県道230号へと入り、池間島方面へ直進。西平安名崎との分岐点に「雪塩」の看板があるので、それを目印に進む。

## INFORMATION
問い合わせ先

宮古島市観光商工課
☎ 0980-73-2690

## DATA
観光データ

所 宮古島市平良狩俣　開休料 見学自由
P 西平安名崎駐車場・普通車16台

## BEST TIME TO VISIT
訪れたい季節

西平安名崎は、宮古島の最北端に位置する岬で、冬が観光におすすめの季節。冬は天候が優れない日が多いが、宮古島の青さを体感でき、旅費を抑えて人込みを避けることができるので、おすすめ。また、年間を通じて咲くハイビスカスの生垣があるので、冬でも花が楽しめて、夜には満点の星を望むことができる夜景スポットとしての魅力も兼ね備えている。

## 西平安名崎展望台がおすすめ

海や風車を間近に望める絶景スポット。周辺には遊歩道も整備。

2階建ての展望台から、360度のパノラマビューを満喫。周辺の離島やエメラルドグリーンの海を望み、岬に立ち並ぶ風車も近くで見られる。付近一帯は公園として整備され、遊歩道のほかトイレや駐車場、休憩スペースなどの設備が充実。向かい側のレストランで絶景を眺めながらランチを楽しむのもいい。

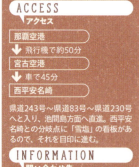

**1** 展望台前にHARRY'S Shrimp Truckというガーリックシュリンプのお店がオープン／**2** 展望台には机と椅子が設置してあるので、景色を眺めながら小休憩／**3** 駐車場からも近く、気軽に登れる展望台

## あわせて訪れたい周辺のスポット

宮古島の海について学べる施設や新鮮な沖縄料理、パワースポットなどさまざまなスポットが集まるエリア。

### 大神島
おおがみじま

**MAP** P.138 C-1

人口30人未満の小さな島で、独自の伝統を色濃く残す。神が住む島といわれ、そのほとんどが神が宿る聖域となっている。

☎0980-72-5350（大神島観光協会）交島尻港から定期便で15分（4〜9月 1日4便、10〜3月 1日4便）所宮古島市平良大神 開休見学自由 料往復710円 Pあり

波の浸食で岩の根元が削られている

沖縄有数の
パワースポットが集中

### すむばり食堂
すむばりしょくどう

**MAP** P.138 B-1

平成2年（1990）創業のタコ料理の名店。近くの漁港で水揚げされる新鮮な島ダコは、店主によっていねいに仕込まれ、バリエーション豊かに調理される。

☎0980-72-5813 交宮古空港から車で30分 所宮古島市平良狩俣768-4 営10:30〜15:00 休日曜 Pあり

マンゴージュースが付いてくる磯丼1900円

甘くてやわらかい!
タコ料理の数々に舌鼓

昼どきは地元の人や観光客で賑わう

### 雪塩ミュージアム
ゆきしおミュージアム

**MAP** P.138 B-1

知れば知るほど
魅力にハマる

琉球石灰岩というサンゴの地層を通った地下海水から、成分をほぼそのままに作られるパウダー状の雪塩。製造工程や料理への活用法が学べる無料ガイドがおすすめ。

☎0980-72-5667 交宮古空港から車で40分 所宮古島市平良狩俣191 営9:00〜18:00（9〜4月は〜17:00）休無休 料無料 Pあり

製造工程などを展示。無料ガイドも

### 宮古島海中公園
みやこじまかいちゅうこうえん

**MAP** P.138 B-2

海底に広がる24枚のクリアパネル越しに、カラフルな熱帯魚やウミヘビに出会える。常駐するスタッフが魚の種類や生態系をていねいに説明してくれるのもうれしい。

☎0980-74-6335 交宮古空港から車で25分 所宮古島市平良狩俣2511-1 営9:00〜17:00（受付は〜16:45）休無休 料大人1000円、中人（高校生）800円、小人（小中学生）500円、6歳未満無料 Pあり

服を着たまま
海中散歩

南国の魚が泳ぐ姿を観賞できる

宮古諸島

### 池間島 MAP P.138 B-1
# 八重干瀬
やびじ

## 国内最大規模のサンゴ礁群
## 鮮麗な色彩に満ちた海の楽園

**観賞のポイント**

**夏場(6〜8月)**
弱い南風が吹く夏がベストシーズンだが台風には要注意。運が良ければサンゴの産卵が見られることも。

宮古諸島

日本最大の卓上サンゴ礁群。海の透明度が高いため太陽光が届き、色彩豊かな景色が見られる。サンゴの間を泳ぐ小さな熱帯魚にも癒やされる

> 宮古ブルーの海を鮮やかに彩るサンゴ礁群は、自然が生み出した芸術作品のような美しさ。「日本のグレートバリアリーフ」とも称され、国の天然記念物に指定されている。

八重干瀬は、池間島の北方沖合に位置する広大なサンゴ礁群。普段は海面下にあるが、春の大潮の干潮時には一部が水面に現れることから「幻の大陸」とも呼ばれる。南北約17km、東西約6.5kmの範囲に、大小100を超えるサンゴ礁が散在。周囲には多種多様な海の生き物が生息し、豊かな生態系を形成している。海の透明度も素晴らしく、船の上からでもカラフルなサンゴ礁や熱帯魚が見えるほど。ダイビングやシュノーケリングなどのアクティビティに参加して、その美しさを堪能したい。

サンゴの仲間に属するイソバナ。鮮やかな深紅の枝を広げた姿が樹木のように見える

## ACCESS
### アクセス

宮古空港
↓ 車で45分
池間島
↓ 船で約15分
八重干瀬

八重干瀬へは定期船が就航していないので、ツアー利用が必須。船によって異なるが、宮古島の平良港からだと船で約40分、池間島からだと約20分。船酔いが心配なら大きな船を所有しているお店を選ぶか、八重干瀬に近い池間島発のツアーが便利。

## INFORMATION
### 問い合わせ先
池間島観光協会 0980-75-2305

## DATA
### 観光データ
所 宮古島市平良 開休 料 要ツアー参加
P なし

## BEST TIME TO VISIT
### 訪れたい季節
シュノーケリングやダイビングを楽しむ場合は、気温が高く、海が穏やかで泳ぎやすい7〜8月がよい。船酔いもしにくいので酔いやすい方にもおすすめ。ただ、台風が多いので事前に天気予報をチェック。海中の透明度を重視する場合は、9〜10月などがよい。真夏よりも観光客が少ないため、ゆっくり楽しめる。

## 八重干瀬シュノーケリング

**手軽な装備でサンゴ礁の海を散策し、感動の絶景に出会える。**

八重干瀬の絶景を満喫したいなら、シュノーケリングがおすすめ。水深が浅く穏やかなので、簡単な器材だけで美しい海の中をのぞくことができる。「八重干瀬マリンハート宮島」では、初心者でも気軽に参加できるツアーを催行。船でポイントへ移動したあと、世界有数のサンゴ礁や生き物たちを観察できる。

1 水族館のような光景が目の前に広がる。小さな熱帯魚も群れになると圧巻／2 浅瀬に呼吸をしにやってくるというウミガメに会えることも!?

## あわせて訪れたい周辺のスポット

八重干瀬周辺は、広大なサンゴ礁が広がる絶景地。
シュノーケリングや散策を楽しみながら、宮古島の自然美を満喫できるエリア。

### 宮古島市熱帯植物園
みやこじまししねったいしょくぶつえん

MAP P.138 C-3

亜熱帯特有の樹木が1600種以上も生育し、珍しい野鳥や小動物の観察スポットでもある。散策コースでゆっくり自然を満喫したい。

☎0980-72-9784 ⊗宮古空港から車で6分 ⌂宮古島市平良東仲宗根添1166-286 休散策自由（事務所9:00〜17:00）料無料 Pあり

静かな森林の中は、鳥や虫の声が耳に心地よく響く

亜熱帯植物の世界を満喫

### 八重干瀬マリンハート宮古島
やびじマリンハートみやこじま

MAP P.138 B-1

少人数での催行が人気のツアー。マスクのつけ方から教えてくれる。透明度の高い海でシュノーケリングが楽しめる。

☎0980-79-7988 ⊗宮古空港から車で35分 ⌂宮古島市平良久貝753-1 営7:00〜20:00（電話受付）休11月中旬〜3月中旬 料ツアーにより異なる Pあり

ていねいにレクチャーしてくれるので初心者でも安心

透明度も熱帯魚の種類もサンゴも素晴らしい

隠れ家ビーチで絶景シュノーケル

透明度抜群の海へ潜ろう

船から離れすぎないように気をつけて

### フナクスビーチ

MAP P.138 B-1

透明度抜群の隠れ家ビーチ。岩場に囲まれた入り江のようになっており、熱帯魚やサンゴを堪能できるシュノーケリングにおすすめのスポット。

☎0980-79-6611（宮古島観光協会）⊗宮古空港から車で30分 ⌂宮古島市平良池間 休見学自由 Pあり

### 池間大橋
いけまおおはし

MAP P.138 B-1

宮古島と池間島をつなぐ全長1425mの橋。沖縄県内で来間大橋や伊良部大橋と並び眺望の素晴らしさが人気。

☎0980-79-6611（宮古島観光協会）⊗宮古空港から車で45分 ⌂宮古島市平良前里 休見学自由 料通行無料 Pあり

宮古ブルーが映える池間大橋の美しさ

エメラルド色の海を突っ切る

宮古諸島

沖縄県宮古島市 MAP P.138 B-4

# 来間大橋
くりまおおはし

蒼海を貫く直線1マイル
潮風を感じて走る

**観賞のポイント**

**ドライブがおすすめ**
左右に視界が開けた最高のドライブコース。直線で運転しやすく、海の上を直接走っている気分になる。

> 宮古島南部と南西に浮かぶ来間島をつなぐ海の上の絶景ルート。
> 澄んだ宮古ブルーの海や東洋一の美しさを誇るビーチを望む。

宮古島と来間島を結ぶ全長1690mの来間大橋。農道橋としては日本最大級の長さを誇り、大型の船舶が橋の下を航行できるよう、中央部が盛り上がった形状となっている。橋から見下ろす海は光の角度によって色の濃淡を変え、幾層にも重なる色彩のグラデーションが見事。来間島の高台にある来間大橋展望台や竜宮城展望台からは、海上に延びる来間大橋を一望できる。宮古島側には、東洋一美しいと讃えられる与那覇前浜ビーチが広がり、ここから海越しに眺める来間大橋も素晴らしい。

来間大橋展望台からの風景。見渡す限り広がる遠浅の海と橋の曲線美が調和している

## 周辺のスポット

### AOSORA PARLOR
アオゾラパーラー
**MAP** P.138 B-4

常時20種類以上のオリジナルスムージーを用意。沖縄の素材を食べ頃の状態で保存、いつもフレッシュな作りたてのスムージーが味わえる。

☎0980-76-3900　交宮古空港から車で15分　所宮古島市下地来間104-1　営10:00〜17:00　休不定休　Pあり

オリジナルスムージーがひんやりと喉を潤す

地元で採れたフルーツを使用したスムージー

※季節によりメニュー＆料金変更の可能性あり

歩道もあるのでウォーキングに最適。エメラルドグリーンの海を間近に眺められる

## ACCESS
アクセス

那覇空港
↓ 飛行機で約50分
宮古空港
↓ 車で20分
来間大橋

車の場合、宮古空港から国道390号線を左折し、来間島への道を右折すると来間大橋へと続く。バスの場合、平良の中心地から来間島を結ぶバスが1日2便走行。体力に自信のある方は自転車で行くこともできる。橋の上で写真撮影を楽しむことができるが、自動車の駐停車は禁止。

## INFORMATION
問い合わせ先

宮古島市建設部道路建設課
☎0980-73-5634

## DATA
観光データ

所宮古島市下地　開見学自由　料通行無料　P来間大橋駐車場・普通車5台

## BEST TIME TO VISIT
訪れたい季節

アクティビティを楽しみたい場合は、7月までに訪れるとよい。暑すぎない時期にアクティビティを楽しめる。快適に観光したい場合は、10月以降に訪れよう。台風シーズンが去り、観光客が詰めかけることもなくなる。

来間島から宮古島へ向かう途中の風景。透き通った海の向こうには、与那覇前浜ビーチの真っ白な砂浜が見える

宮古諸島

沖縄県宮古島市 MAP P.138 B-3

# 伊良部大橋
いらぶおおはし

島人の暮らしを支える
宮古ブルーに架かる巨大ブリッジ

観賞のポイント

**牧山展望台から望む**
伊良部島で最も標高が高い牧山展望台から、伊良部大橋と宮古島、晴れた日は池間島や来間島まで望める。

宮古諸島

牧山展望台から眺める伊良部大橋。
美しく透明な海は水深により色合いが
変わり、淡いエメラルドグリーンから
コバルトブルーへと移りゆく

> 宮古島の三大大橋のなかで最も新しく、日本最長の無料橋梁として知られる伊良部大橋。高低差のある橋の上を爽快に走れば、壮大なスケールと宮古ブルーの美しさが実感できる。

全長3540mの伊良部大橋は、無料で渡れる橋としては全国一の長さ。海の上でゆるやかな曲線を描きながら、宮古島と伊良部島を結んでいる。橋の途中には船舶を通すために設けられたアーチ状の部分があり、最高地点は海面から27mという高さ。上下に波打つように延びる橋を車で走行すれば、ジェットコースターさながらの爽快感が味わえる。透き通った海に囲まれて絶景ドライブを満喫したあとは、周辺に点在する展望スポットへ。さまざまな角度から伊良部大橋の全景を眺めてみたい。

徒歩や自転車で渡ることも可能。視界を遮るものは何もなく、抜群の開放感に浸れる

### ACCESS
アクセス

那覇空港
↓ 飛行機で約50分
宮古空港
↓ 車で20分
伊良部大橋

車の場合、県道243号〜国道390号〜県道252号を進む。バスの場合、空港から新里宮国線(5系統)に乗車し、平良港へ向かう。そこから共和バス平良線に乗車し、伊良部島へ。1日8便運行しているので、日帰りでも困らない。車やバスでの移動が快適だが、自転車で移動するのもおすすめ。宮古空港から伊良部島まで自転車なら約30分ほどの道のり。

### INFORMATION
問い合わせ先
宮古島市建設部都道路建設課
☎ 0980-73-5634

### DATA
観光データ
所 宮古島市平良久貝 [休] 見学自由 [料] 通行無料 [P] なし

### BEST TIME TO VISIT
訪れたい季節
5〜10月が海水浴のベストシーズン。7月までや10月以降は快適で観光客も少なめ。12〜3月は海が最も透明で、1〜2月には桜も楽しめる。

## 伊良部大橋はここから見よう!

伊良部大橋の美しさが際立つ、とっておきの展望スポットを紹介。

伊良部大橋を望める場所は複数あり、それぞれ見え方は大きく異なる。橋の両端にある展望台のほか、伊良部島側には、いらぶ大橋・海の駅、長山の浜、牧山展望台などが点在し、優美な橋を一望できる。宮古島側にあるトゥリバービーチも絶好の撮影ポイントで、夕日に照らされた橋のシルエットが美しい。

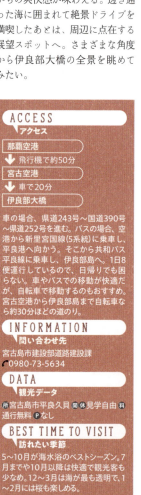

1 橋の駐車場からは橋名板との写真が撮影できる／2 トゥリバービーチからは正面に延びる橋を見られる／3 いらぶ大橋・海の駅では真正面から橋を望める／4 来間島の竜宮城展望台からは来間大橋と伊良部大橋2つの橋を見られる

## あわせて訪れたい周辺のスポット

伊良部大橋周辺は、絶景の海を楽しめるビーチや展望台が充実。
ドライブや散策を通して、宮古ブルーに包まれる贅沢なひとときを。

### フナウサギバナタ

**MAP** P.138 A-2

フナウサギバナタとは「旅人を見送る岬」という意味。昔はこの場所で船を見送り、島を離れる家族や友人の無事を祈ったという。

☎0980-73-2690（宮古島市観光商工課） 宮古空港から車で45分 宮古島市伊良部前里添 見学自由 Pあり

> 大きな展望台からの眺望はまさに圧巻

> 旅立つ人へ
> 祈りを捧げた場所

### 島の駅 みやこ
しまのえきみやこ

**MAP** P.138 B-3

宮古島をこよなく愛する生産者たちの、採れたての食材、加工食品がズラリと並ぶ。宮古そばなどの軽食も楽しめる。

☎0980-79-5151 宮古空港から車で10分 宮古島市平良久貝870-1 9:00〜18:00（夏期は〜19:00） 無休 Pあり

> サクッと食感が楽しいマンゴー雪しずく1300円

> 買い物を楽しみながら
> 島の文化にふれる

> 宮古島産の野菜や果物などの食材が並ぶ

> 裸足で歩くのが
> 心地よい白浜

> 鮮やかなグンバイヒルガオの花が群生する

### 渡口の浜
とぐちのはま

**MAP** P.138 A-3

中の島ビーチとも近い伊良部島のビーチ。白い砂浜の背後には防潮林が続き、散策も気持ちいい。

☎0980-73-2690（宮古島市観光商工課） 宮古空港から車で30分 宮古島市伊良部字伊良部1391-1 見学自由 Pあり

### 牧山展望台
まきやまてんぼうだい

**MAP** P.138 B-3

伊良部島で最も高い場所にあり、町のシンボル「サシバ」が羽を広げて飛んでいる姿を模した展望台。

☎0980-73-2690（宮古島市観光商工課） 宮古空港から車で30分 宮古島市伊良部池間添923-1 見学自由 Pあり

> 麓には遊歩道があり、亜熱帯原生林が生い茂る

> サシバ舞う展望台で
> 宮古諸島を一望

宮古諸島

# エリアガイド

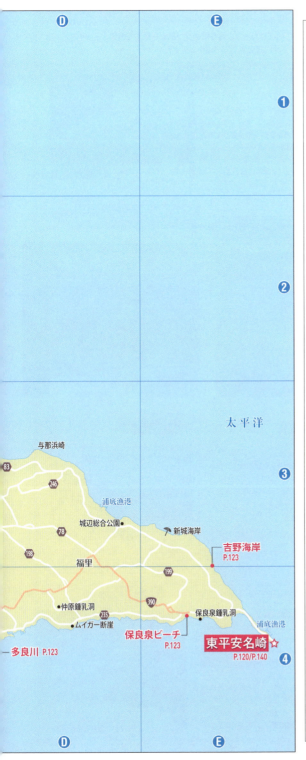

## 沖縄本島から300km離れた宮古諸島 透き通るようなサンゴ礁が広がる

　宮古島は、平野部にサトウキビ畑が広がるのどかな島。島の中央にある宮古空港の近くに繁華街・平良タウンが広がるほかは、沖縄らしい自然にあふれた景勝地や史跡名所が点在する。海沿いには大小さまざまなリゾートホテルが立ち並ぶ。

　近隣の池間島、伊良部島、下地島、来間島の4島と宮古島は通行料無料の橋で結ばれ、宮古ブルーと讃えられるエメラルドグリーンの海を見晴らしながら海上を走るドライブが楽しめる。

　島々の周囲を取り囲むサンゴ礁の海は、屈指の透明度を誇り、なかでも池間島の八重干瀬は国内最大級のサンゴ礁群として知られる。

### 交通 information

**街巡りのポイント**
島内や橋で結ばれた近隣の島へはレンタカー利用が便利。バスもあるが系統が少なく、本数も少ないので、旅行者には利用が難しい。

●レンタカー
島の玄関口となる宮古空港、下地空港からレンタカーを利用するのがいちばん。レンタカーは早めに予約を。

●観光タクシー
車を運転できなくても、ドライバー付きの観光タクシーを利用することもできる。
まるちくタクシー ☎0980-72-2005 宮古島市平良字久貝686-7 https://maruchiku.jp

●船
橋で渡れない大神島、多良間島、水納島へはフェリーを利用。

**問い合わせ先**
宮古島観光協会
☎0980-79-6611　那覇空港から飛行機で40分
宮古島市下地上地472-39旧下地庁舎2階　8:30～12:00、13:00～17:30　土・日曜、祝日

宮古諸島

# TRAVEL PLAN

鮮やかなエメラルドグリーンの海を眺めつつ島を一周する爽快なドライブ。点在するビーチや周辺の島に寄り道もおすすめ。

### 与那覇前浜
よなはまえはま

**MAP** P.138 B-4

"東洋一"の美しさに感激

透明度の高い遠浅の海に、7kmにわたって続く真っ白な砂浜は、東洋一のビーチと称される。細かな砂を素足で感じながら長いビーチを歩きたい。

☎0980-73-2690(宮古島観光商工課) 宮古空港から車で20分 所宮古島市下地与那覇1199-1 散策自由 Pあり

トライアスロン大会のスタート地点としても有名

## COURSE

|  |  |
|---|---|
| 10:00 | 宮古空港 |
| ↓ | 車で20分 |
| 10:20 | 与那覇前浜 |
| ↓ | 車で8分 |
| 11:20 | 来間大橋 |
| ↓ | 車で40分 |
| 12:20 | 東平安名崎 |
| ↓ | 車で1時間 |
| 14:20 | 池間大橋 |
| ↓ | 車で20分 |
| 14:55 | 西平安名崎 |
| ↓ | 車で35分 |
| 15:55 | 砂山ビーチ |
| ↓ | 車で25分 |
| 17:20 | 宮古空港 |

### 来間大橋
くりまおおはし

**MAP** P.138 B-4 ➡ P.132

歩道を散歩で楽しむ人も多く見られる

### 東平安名崎
ひがしへんなざき ➡ P.120

**MAP** P.139 E-4

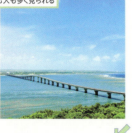

岬の途中にある展望台から見た岬の全体像

海の上を飛ぶような爽快感

### 池間大橋
いけまおおはし

**MAP** P.138 B-1

宮古島と池間島を結ぶ橋。周辺には巨大なサンゴ礁が広がり、何層にも重なる海の青は宮古屈指の美しさ。

➡ P.131

橋の両たもとからは大神島や西平安名崎も一望できる

### LUNCH

有機食材にこだわった食事が評判

**農家れすとらん楽園の果実**
のうかれすとらんらくえんのかじつ

**MAP** P.138 B-4

宮古島産ほろよい牛のステーキ丼 2500円

☎0980-76-2991 宮古空港から車で15分 所宮古島市来間476-1 営11:00〜18:00(LO17:30) 休火曜 Pあり

### 西平安名崎
にしへんなざき ➡ P.124

**MAP** P.138 B-1

自然風を利用した風力発電の風車がシンボル

### 砂山ビーチ
すなやまビーチ

**MAP** P.138 C-2

真っ白な砂丘をてっぺんまで登っていくと、突如現れるエメラルド色の海に思わず息をのむ。岩の洞穴からのぞく景観はまた格別。

☎0980-73-2690(宮古島市観光商工課) 宮古空港から車で25分 所宮古島市平良荷川取 散策自由 P40台

まるで映画のワンシーン!

アーチは保護網と柵が設置されており、立ち入り禁止

# TRAVEL PLAN

海の上に浮かんでいるかのような伊良部大橋を渡り、伊良部島と下地島へ。雄大な自然を感じながら爽快なドライブを満喫。

## COURSE

|  |  |
|---|---|
| 10:00 | 宮古空港 |
| ↓ 車で20分 | |
| 10:20 | 伊良部大橋 |
| ↓ 車で20分 | |
| 10:50 | フナウサギバナタ |
| ↓ 車で5分 | |
| 11:20 | 白鳥崎 |
| ↓ 車で10分 | |
| 12:00 | 佐和田の浜 |
| ↓ 車で15分 | |
| 13:00 | 通り池 |
| ↓ 車で10分 | |
| 13:30 | 渡口の浜 |
| ↓ 車で30分 | |
| 15:30 | 伊良部大橋 |

### 伊良部大橋
いらぶおおはし
MAP P.138 B-3
→P.134

カーブやアーチなどのポイントから景色が楽しめる

### フナウサギバナタ
MAP P.138 A-2
伊良部大橋から約15分、伊良部島北部にある展望台。緑豊かな丘陵や海岸線が美しく、圧巻の眺望を堪能することができる。
→P.137

断崖の下にはコバルトブルーの海が広がる

大海原を眺める展望台

### 白鳥崎
しらとりざき
MAP P.138 A-2
島北部にある岬。海沿いの遊歩道からは、断崖絶壁や荒々しい岩場、ゆるやかな海岸線などを眺望できる。
☎0980-73-2690（宮古島市観光商工課） 宮古空港から車で45分 宮古島市伊良部佐和田908-2 休料 散策自由 Pあり

複雑な地形が生み出す雄大な景色

干潮時には島民が潮干狩りに訪れる

### 佐和田の浜
さわだのはま
MAP P.138 A-2
無数の岩が突き出た遠浅の浜で、干潮時には沖合まで歩いていける。珍しい貝殻を拾いに訪れる観光客も多い。
☎0980-73-2690（宮古島市観光商工課） 宮古空港から車で40分 宮古島市伊良部佐和田1725 休料 散策自由 Pあり

夕焼けも美しい個性的な浜

昭和の大津波で流れ着いた巨大岩が点在する

### 通り池
とおりいけ
MAP P.138 A-2
雨水による石灰岩の浸食がつくった2つの池。人魚伝説が残る神秘的な場所としてダイバーたちにも人気。
☎0980-73-2690（宮古島市観光商工課） 宮古空港から車で40分 宮古島市伊良部佐和田 休料 見学自由 Pあり

自然がつくり上げた神秘の池

2つの池は別個に存在し、底で外海とつながっている

### buy
買い物と食事を楽しもう！
**いらぶ大橋 海の駅**
いらぶおおはしうみのえき
MAP P.138 B-3

宮古料理とおみやげが満載！島の魅力を発見

☎0980-78-3778 宮古空港から車で20分 宮古島市伊良部池間添1092-1 9:00～18:00、食事11:00～17:00（LO16:00、なくなり次第終了） 無休 Pあり

### 渡口の浜
とぐちのはま
MAP P.138 A-3
伊良部島を代表するビーチ。800m続く砂浜と浜の西端と東端で異なる表情を楽しめるのが特徴。
→P.137

海水の透明度は宮古諸島随一

海水浴やマリンレジャーを楽しむ人が多い

宮古諸島

新たなリゾート施設が増加中

# 絶景ホテルガイド④

近年、大規模なリゾート開発が相次ぎ、大型ホテルや商業施設などが続々とオープン。
広々とした敷地には豊富な設備が揃い、宮古ブルーの海でアクティビティも満喫できる。

宮古ブルーを眺めながら
邸宅で暮らすような滞在を

## ホテル シギラミラージュ ビーチフロント

シギラビーチまで徒歩1分の好立地。宮古ブルーの海を望む贅沢な客室は、キッチンやリビングダイニングなどが完備され、長期滞在に最適。モダンなインテリアも素敵。

客室の大きな窓からは宮古ブルーの海を水平線まで見渡すことができる

**宮古島** MAP P.138 C-4

☎0570-550-385(宿泊予約センター) ✈宮古空港から車で15分 所宮古島市上野新里1405-271 in15:00 out11:00 料1泊朝食付3万8500円～ Pあり

タワーウイング高層階のバルコニーからは絶景が望める

海が目の前!
アクティブなファミリーに大人気

## ホテルブルーズベイマリーナ

宮古島の南岸に建つ、家族連れにやさしいリゾート。11階建てで全室オーシャンビューのタワーウイング、長期滞在に便利な設備を備えるハーバーウイングと本館の3棟がある。ブッフェが楽しめるレストランやステーキレストランのほか、船のデッキをかたどったラウンジバーも人気。

**宮古島** MAP P.138 C-4

☎0980-76-3000 ✈宮古空港から車で15分 所宮古島市上野宮国784-1 in15:00 out11:00 料1泊朝食付 1万8700円～ Pあり

カップルからファミリーまで
それぞれに楽しめる大型リゾート

## ヒルトン沖縄宮古島リゾート
ヒルトンおきなわみやこじまリゾート

宮古空港、下地島空港、平良市街へのアクセスも良好。ティータイムや軽食、フルコースディナーを楽しめるレストランも充実。完全個室でのスキンケアブランド「Fleur's(フルール)」などを使用したスパやフィットネスセンターも完備。

**宮古島** MAP P.138 B-3

☎0980-75-5500 ✈宮古空港から車で15分／下地島空港から車で25分 所宮古島市平良久貝550-7 in15:00 out11:00 料1泊朝食付 3万1697円～ Pあり

ルーフトップバーでは、壮大なサンセットをオリジナルカクテルとともに

## 八重山諸島

石垣島を中心に、西端は国境の島・与那国まで大小32の島々で構成されている島嶼部。沖縄の暮らしの原風景を今に残す島、雄大な世界遺産の島など、魅力は尽きない。

石垣島 MAP P.168 C-1

# 平久保崎
ひらくぼざき

石垣島最北端の灯台から
最果ての水平線を遠望

**観賞のポイント**

**パノラマオーシャンビュー**

平久保崎からは灯台と約400m沖の大地離島を望み、遮るもののない360度の眺望が楽しめる。

石垣島

島の最北端、緑いっぱいの牧草地の先にはコバルトブルーのサンゴ礁の海を背景に白亜の灯台が立ち、絶景ドライブコースとして人気がある

> 石垣島の中心部から最も遠い場所にある人気の景勝地。レンタカーでのアクセスが主流で、半島の西側を走る県道206号線のほか、東側を走る平久保半島エコロードも利用できる。

島の北東部から長く突き出した平久保半島は、西に東シナ海、東に太平洋を望み、白亜の灯台の先には、青空とサンゴ礁に囲まれたハッとするほど美しい石垣ブルーの絶景が広がり、天気次第では多良間島まで一望できる。平久保埼灯台は昭和40年（1965）に建造された高さ約13mの美しい灯台で、中に入ることはできないが、周辺の風景と美しく調和し、日本ロマンチスト協会の「恋する灯台」にも認定されている。岬の背後は琉球王朝時代から続く牧場があり、一帯はのどかな風景に包まれている。

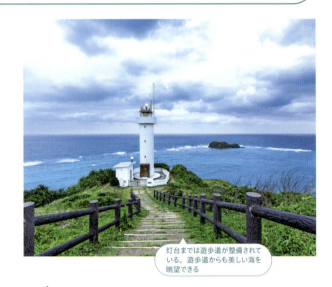

灯台までは遊歩道が整備されている。遊歩道からも美しい海を眺望できる。

## ACCESS
**アクセス**

那覇空港
↓ 飛行機で約1時間
南ぬ島石垣空港
↓ 車で40分
平久保埼

南ぬ島石垣空港から平久保埼までは国道390号から県道206号と北上して、約40分の距離。石垣島ドライブ定番の人気コースだ。平久保埼へ行く路線バスは、1路線のみで、1日3本しかない。石垣空港でのバス乗り場は、「Bのりば」で、平久保で下車しよう。

## INFORMATION
**問い合わせ先**

石垣市観光交流協会 ☎0980-82-2809

## DATA
**観光データ**

所 石垣市平久保 開休料 見学自由 P 10台

## BEST TIME TO VISIT
**訪れたい季節**

7月から9月のシーズン中に多くの人で賑わうサンライズスポット。水平線から昇る朝日は圧巻で、観光雑誌やメディアで頻繁に紹介されている。石垣島の観光自体は、穏やかな海や美しい景色を楽しむことができる3〜5月、10〜11月がおすすめ。

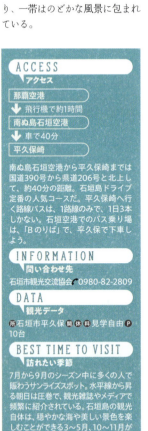

## 平久保半島エコロードを通行

**平野〜明石をつなぐ約10kmの未舗装だが、眺めは抜群のエコロード。**

平久保半島の東側を走る市道「平久保半島東線」は、平久保半島エコロードと呼ばれ、貴重な自然環境を保全しながら、昔ながらの素朴な大自然を感じられるよう必要最小限の道路整備にとどめている。車1台が通れるほどの未舗装の一本道で、入口ゲートには家畜の脱走を防ぐ柵が設置されているので、開けた柵は必ず閉めること。

1 手つかずの海、空、山の自然をドライブで満喫。舗装されていないじゃり道が続くので注意して運転しよう／2 スカイアドベンチャーうーまくぅのパラグライダーで上空から半島を望むこともできる

## あわせて訪れたい周辺のスポット

石垣島最北の平久保エリアで手つかずの自然と絶景を堪能。
魅力スポットで心躍る体験を!

### 石垣島サンセットビーチ
いしがきじまサンセットビーチ

**MAP** P.168 C-1

砂質の良さと海の透明度の高さで評判の石垣島を代表するビーチ。石垣島で唯一、干潮でも遊泳可能で、アクティビティも充実している。

☎0980-89-2234 交南ぬ島石垣空港から車で40分 所石垣市平久保234-323 開5/1〜10/15の9:30〜18:00(最終受付〜17:00) 休期間中無休 Pあり

静寂のなかに美しさが広がる夕日に染まる砂浜

どの時間でも楽しめる
石垣島の極上ビーチ

### 玉取崎展望台
たまとりざきてんぼうだい

**MAP** P.168 C-2

玉取崎を望む丘に位置する、平久保半島と石垣の海を一望できる景勝地。緑豊かな丘陵とサンゴ礁の輝く海が広がる。

☎0980-82-2809(石垣市観光交流協会) 交南ぬ島石垣空港から車で20分 所石垣市伊原間 開休料見学自由 Pあり

展望台へと続く遊歩道にはハイビスカスの花が

ワイドな青い海を空から感じる

カラフルな自然が目に飛び込んでくる

### スカイアドベンチャー うーまくぅ

**MAP** P.168 C-2

真っ青な海と白い砂浜、島の緑の広がる絶景を上空から満喫。インストラクターと2人乗りのパラグライダーなので、初心者でも大空の散歩を楽しめる。

☎080-1076-5844 交南ぬ島石垣空港から車で30分 所石垣市伊原間249-42 営9:30〜16:00 休不定休 料1万2000円 Pあり

山並みと海による
変化に富んだ眺望

平久保半島の丘陵とサンゴ礁が織りなす景色

### 石垣島馬広場
いしがきじまうまひろば

**MAP** P.168 C-1

島北部にある観光牧場。小ぶりなヨナグニウマに乗って平久保牧場を散策したり、夏は海の中で遊ぶ海馬遊びが人気。

☎080-6485-5979 交南ぬ島石垣空港から車で40分 所石垣市平久保牧355 営10:00〜17:00 休不定休 料3000円〜 Pあり

牧場から見る海の眺めも最高

沖縄の馬に揺られ
ビーチを散歩

石垣島

石垣島 MAP P.168 A-3

# フサキビーチ
フサキビーチ

燦めく碧の輝きが眩しい
華やぐリゾートビーチ

**観賞のポイント**
## 浜から突き出た桟橋
南国のリゾートを象徴するような桟橋は、八重山諸島の島々を望み、格好のサンセットポイントでもある。

石垣島

飽きることなくいつまでも目の前に広がる透き通った海を眺めていたい。ここは石垣島の魅力がぎっしり詰まったとっておきのリゾート

> フサキビーチリゾートホテル&ヴィラズの目の前に広がる白砂が続く美しい天然のビーチ。市街地から近く、宿泊客でなくても利用でき、マリンアクティビティも充実している。

島の西部に位置する石垣島を代表するビーチのひとつ。サンゴ礁に囲まれたエメラルドグリーンの海にはカクレクマノミやチョウチョウウオなど色とりどりの熱帯魚が泳ぐ。シュノーケリングはもちろん、シーカヤックやマリンジェット、ドラゴンボートなどのアクティビティメニューも豊富に揃い、遠浅のビーチなので家族連れにも人気がある。海に突き出た桟橋から見る西表島や小浜島とその向こうに沈むサンセットは感動的だ。

フサキ・エンジェル・ピアと名付けられた桟橋越しの夕景はひときわロマンティック

## ACCESS
アクセス

那覇空港
↓ 飛行機で約1時間
南ぬ島石垣空港
↓ 車で35分
フサキビーチ

空港出口から国道390号を経由して県道211号で島を横断。県道79号と合流したら南下して分岐点を右へ。その先は海沿いを走るとフサキビーチリゾートホテル&ヴィラズへ到着。南ぬ島石垣空港から宿泊者限定で、無料送迎バスが運行。事前予約は不要だが、満席により乗車できない場合もある。

## INFORMATION
問い合わせ先

フサキビーチリゾート内ビーチステーション
☎0980-88-7297

## DATA
観光データ

所 石垣市新川1625 開 9:00～17:30（閉場時間は季節により変動あり） 休 悪天候（公式サイトを要確認） 料 無料
P 288台

## BEST TIME TO VISIT
訪れたい季節

石垣島では晴れていれば年中泳ぐことができ、フサキビーチの監視員は夏季営業の3～10月末まで常駐している。

## フサキビーチリゾートに宿泊

広大なオープンエアーの敷地内にはゆったりとした島時間が流れる。

琉球伝統の赤瓦のヴィラが立ち並ぶガーデンテラスと3つのホテル棟。島内最大級のプールエリア、レストランやショップが充実したセントラルヴィレッジ、スパや露天風呂を完備したウェルネスセンターなど、南国の花々に囲まれ、青い海やサンセットを眺めながら、究極のリゾートステイを満喫できる。

1 テラスにプールとファイヤーピットを備えたフォレストスイートヴィラ／2 敷地の前には天然のビーチが／3 特別なトリートメント体験ができる「フサキスパ」／4 プールサイドでカクテル片手にのんびり過ごす

## あわせて訪れたい周辺のスポット

フサキビーチの周りには石垣島の自然にふれられるスポットが満載。
空から地底まで体験できる。

### 石垣島天文台
いしがきじまてんもんだい

MAP P.168 A-3

平成18年(2006)に設立された天文台。九州・沖縄で最大の光学・赤外線反射式望遠鏡「むりかぶし望遠鏡」があり、一般公開されている施設やプログラムも多彩。

☎0980-88-0013 ◉南ぬ島石垣空港から車で30分 ⌂石垣市新川1024-1 ⏰10:00～16:15(入館は～15:30、変更の場合あり) 休月・火曜(月曜が祝日の場合は火・水曜) ¥施設見学100円、宇宙シアター400円、天体観望会500円 Pあり

星の島石垣の空
降り注ぐ満天の星

南十字星など本土では見られない星々が見られる

### バンナ公園
バンナこうえん

MAP P.168 B-3

石垣島バンナ岳周辺、5ゾーンで亜熱帯自然を満喫。展望台や散策広場が魅力。

☎0980-82-6993 ◉南ぬ島石垣空港から車で20分 ⌂石垣市石垣961-15 ⏰9:00～21:00、世界の昆虫館10:00～17:00 休無休(世界の昆虫館は月・木曜) ¥世界の昆虫館400円 Pあり

「世界の昆虫館」では珍しい標本も展示

### 石垣島の文化をまるごと体験

レトロな古民家でのんびり島の文化を楽しもう

### 石垣やいま村
いしがきやいまむら

MAP P.168 A-3

八重山の文化をひとつの"村"に凝縮したテーマパーク。古民家、食事処、リスザルの森など多彩な施設が揃い、ものづくり体験もできる。

☎0980-82-8798 ◉南ぬ島石垣空港から車で20分 ⌂石垣市名蔵967-1 ⏰9:00～17:30(入場は～17:00) 休無休 ¥1200円 Pあり

八重山の自然が集まる公園は
発見と驚きのパラダイス

聖紫花の橋で幻の木「聖紫花」を鑑賞

### 石垣島鍾乳洞
いしがきじましょうにゅうどう

MAP P.168 A-4

日本最南端の鍾乳洞は神秘的な石筍や石柱が魅力。イルミネーションや亜熱帯植物も楽しめるスポット。

☎0980-83-1550 ◉南ぬ島石垣空港から車で30分 ⌂石垣市石垣1666 ⏰9:00～18:30(入場は～18:00) 休無休 ¥1200円 Pあり

海底地層がつくる
神秘の地下宮殿

鍾乳洞のクライマックス
「神々の彫刻の森」

石垣島

竹富島 MAP P.166 A-3
# ブーゲンビリアの道
ブーゲンビリアのみち

赤瓦の家並みを守る石垣
彩りを添える情熱の花

**ブーゲンビリアの見頃**
**10月下旬〜11月上旬**
南国では一年中花を咲かせるが、竹富島では春と秋が見頃で、特に10月下旬〜11月上旬がおすすめ。

竹富島

琉球民謡『安里屋ユンタ』の発祥の地で、赤瓦屋根の集落をゆっくり進む水牛車から、三線とともに安里屋ユンタの生歌が聞こえてくる

> 石垣島から高速船で15分程度でアクセスできるので、日帰りでも観光を楽しめるが、赤瓦屋根の古民家に泊まって、八重山の原風景が残る小島で南国の情緒に浸るのもいい。

竹富島は石垣島の南西約6kmに浮かぶ周囲約9.2kmの小さな島。南国の花々が咲き、サンゴの石垣に囲まれた赤瓦屋根の民家が残り、白砂の道で結ばれた西集落、東集落、仲筋集落の3つの集落は、重要伝統的建造物群保存地区に選定されている。坂道がほとんどない平坦な島なので、レンタサイクルで島巡りをしたり、水牛車に揺られてのどかな集落を訪ねたり、息をのむほど美しいビーチで日がなのんびり過ごし、絶景のサンセットや満天の星を眺めるなど、離島気分を満喫できる。

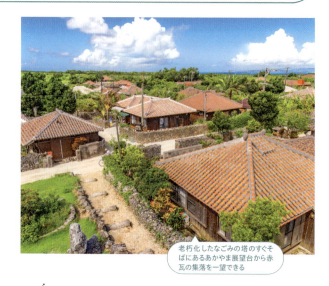

老朽化したなごみの塔のすぐそばにあるあかやま展望台から赤瓦の集落を一望できる

## ACCESS
アクセス

那覇空港
↓ 飛行機で約1時間
石垣島
↓ 船で約15分
竹富島

石垣島離島ターミナルから竹富東港へは高速船が1日約20便就航。往復1340円。

## INFORMATION
問い合わせ先
竹富町観光協会 ☎0980-82-5445

## DATA
観光データ
所 竹富町 開休 悪天候(公式サイトを要確認) P なし

## BEST TIME TO VISIT
訪れたい季節

おすすめは3〜10月。沖縄本島やほかの八重山諸島の島に比べ、年間を通して平均気温が1℃ほど高い。特に夏は熱中症に注意しよう。5〜6月下旬は梅雨、7〜9月は台風の襲来が増え、10月にも雨が多く降る。海水浴は4〜10月まで楽しめる。「種子取祭」は例年旧暦の9月頃に開催。水牛車に乗って伝統的な赤瓦住宅を見たり三線を聴いたりしたい場合は11〜2月、冬はブーゲンビリアやハイビスカスなどの花々が満開でフォトジェニックなスポットが満載。

## 竹富島の祭りをチェック

600年の伝統がある種子取祭(タナドゥイ)は、島民総出の一大神事。

種子取祭は、国指定の重要無形民俗文化財で、毎年陰暦の9月と10月の甲申から甲午の日までの10日間、祓い清めた土地に種子を蒔き、五穀豊穣や子孫繁栄を祈願する竹富島最大の行事。ハイライトは7〜8日目で、火の神と農耕の神を祀る世持御嶽の庭や舞台で、舞踏や狂言などさまざまな伝統芸能が奉納される。

1 五穀豊穣をもたらす神として崇められているミルク神／2 伝統衣装をまとった島民が舞踊や狂言を奉納する／3 もともとは琉球時代の村番所跡地／4 ミルク神のお面が収められている建物

## あわせて訪れたい周辺のスポット

日本最南端の街・竹富島を散策。
独自の文化が残る街並みや自然の原風景を見つけよう。

### カイジ浜
カイジはま
**MAP** P.166 A-4
「星砂の浜」とも呼ばれ、かわいらしい星形の砂が堆積する。遊泳は禁止。
☎0980-82-5445（竹富町観光協会）交なごみの塔から自転車で8分 所竹富町竹富 開見学自由 Pなし

星の砂で有名な
美しいビーチ

星の砂を探しながら、
ゆっくり散歩を楽しもう

### てぇどぅん かりゆし館
てぇどぅん かりゆしかん
**MAP** P.166 B-3
観光案内所からトイレ、ロッカーまである便利な施設。船が来るのを待つ間におみやげを買うこともできる。
☎0980-84-5633 交竹富港からすぐ 所竹富町竹富 営7:30〜17:50 休船舶欠航時、種子取祭 料無料 Pなし

島に伝わる柄の手ぬぐい各1200円

海に向かって伸びる
夕日の名所

夕暮れどきは多くの人が集まる

### 西桟橋
にしさんばし
**MAP** P.166 A-3
かつて西表島からの荷下ろしをする港として使われていた。現在は夕日や星空を眺めるスポットとして有名に。国の有形文化財に登録されている。
☎0980-82-5445（竹富町観光協会）交なごみの塔から徒歩8分 所竹富町竹富 開休見学自由 Pなし

港に併設された
便利な待合室

島に関係した商品が並ぶおみやげコーナー

### コンドイ浜
コンドイはま
**MAP** P.166 A-4
島の南西部に位置し、透き通るような青い海と真っ白な砂浜が人気の美しいビーチ。波も穏やかな遠浅で、島唯一の海水浴場。
☎0980-82-5445（竹富町観光協会）交なごみの塔から徒歩15分 所竹富町竹富 開休見学自由 Pあり

白い砂浜と
コバルトブルーの海

中心部から歩くと15分ほどかかるので自転車が便利

竹富島

小浜島 MAP P.167 E-1

# 大岳展望台
うぶだきてんぼうだい

八重山のてんぶす・ちゅらさん島
八重山諸島を眼下に望む

**観賞のポイント**

**頂上にある展望台**
石垣島、竹富島、黒島、新城島、西表島、鳩間島、嘉弥真島、天気が良ければ波照間島まで見渡せる。

展望台からは360度の大パノラマの景色が広がり、眼下には牧草地とサトウキビ畑ののどかな風景が広がる

八重山を代表する民謡のひとつ小浜節の石碑。大岳の登山道入口のちゅらさん広場にある

海抜99mの大岳の頂上にある。登山口から急な階段を登る少しハードな健脚コースだ

> 島の最高峰から大パノラマの眺望を楽しみ、サトウキビ畑の中をまっすぐ伸びるシュガーロードを歩く。

西表島の東約2km沖に浮かぶ小浜島（こはまじま）は、八重山列島のほぼ中央にあるため、「八重山のてんぶす（「へそ」の意）」とも呼ばれている。NHKの朝ドラ『ちゅらさん』の舞台となり、リゾート地としての人気が急上昇。2大絶景スポットは、島の最高峰である大岳とその西側にある西大岳。大岳からは八重山の島々やコバルトブルーの海、島内ののどかな風景を一望でき、特に西表島に沈むサンセットの美しさは格別だ。西大岳からも大パノラマの眺望が素晴らしく、間近に大岳を望むことができる。

## ACCESS
アクセス

那覇空港
↓ 飛行機で約1時間
石垣島
↓ 船で約25分
小浜島

石垣島から小浜島へ行くには、定期船（高速船）を利用。定期船を運航するのは安栄観光と八重山観光フェリーの2社。移動時間は両社とも約25〜30分。1日の便数は安栄観光が4〜6便、八重山観光フェリーが7〜8便。

## INFORMATION
問い合わせ先
竹富町観光協会 ☎0980-82-5445

## DATA
観光データ
所 竹富町小浜 開休料 見学自由 P なし

## BEST TIME TO VISIT
訪れたい季節

3〜5月は気温が上昇し、海開きも行われ、観光に適した時期。6〜8月はマリンレジャーの最盛期だが、台風の影響も考慮が必要。9〜11月は観光客が減り、快適に過ごせる時期で、特に10月は天候も安定している。12〜2月は本州より暖かく、観光客も少ないため、静かな時間を楽しめる。旅行の目的や好みに合わせて訪問時期を選ぶとよい。

小浜島

## 周辺のスポット

### 石長田海岸マングローブ群落
いしながたかいがんマングローブぐんらく
MAP P.167 E-1

海水と淡水が混ざった汽水域に育つマングローブの群生地。干潮時には湿地帯に下りて歩いてみると根元に生息する貝やカニも観察できる。
☎0980-82-5445（竹富町観光協会） 交 小浜港から車で10分 所 竹富町小浜 開休料 見学自由 P あり

**小さな生き物に会える**
マングローブの海岸

カトレ展望台からは群生するマングローブ林が見渡せる

波照間島 MAP P.166 A-1

# ニシ浜
ニシはま

空と海が溶け合う彼方に
美麗島が浮かぶ

**観賞のポイント**

**波照間ブルーを観賞**
八重山諸島屈指の美しさを誇り、波照間ブルーと呼ばれる青と緑のコントラストの美しさは感動もの。

かつては石垣島からフェリーだけだったが、今では飛行機でもアクセス可能。美しすぎるビーチの風景を満喫したあと、夜空を見上げれば、まるで天然のプラネタリウムのよう。

西表島の南約30kmにある日本最南端の有人島。昔ながらの家並みとサトウキビ畑が広がる周囲約15kmの小さな島だが、北西部にあるニシ浜は、真っ白な砂浜が約1km続き、波照間ブルーと呼ばれる海の美しさは、国内、いや世界でもトップクラスで、この美しいビーチを眺めるためだけにわざわざ訪れるという人も少なくない。このニシ浜は絶景の夕日スポットでもある。また、天体観測のためにこの島を訪れる人も多く、満天の星も感動的で、12〜6月には南十字星が観測できる貴重な離島だ。

ニシ浜へと向かう道は、下り坂のカーブの向こうに、輝くような美しい海が現れる

> ### ACCESS
> アクセス
>
> 那覇空港
> ↓ 飛行機で約1時間
> 石垣島
> ↓ 船で約1時間20分
> 波照間島
>
> 石垣島離島ターミナルから高速船で移動。1日2〜4便あり、西表島の大原港を経由する場合もある。波照間港から1kmほど離れた島の中心(名石集落)までは自転車で約6分。自転車でまわるのに十分の広さだが、坂道が多いのでレンタバイクかレンタカーでもよい。路線バスとタクシーはない。
>
> ### INFORMATION
> 問い合わせ先
>
> 竹富町観光協会 ☎0980-82-5445
>
> ### DATA
> 観光データ
>
> 所 竹富島波照間 開休料 見学自由 P 5台
>
> ### BEST TIME TO VISIT
> 訪れたい季節
>
> 海水浴に適した時期はだいたい4〜10月。おすすめは5月中旬〜6月中旬頃の梅雨後から台風シーズン前の7月。ビーチで遊ぶなら梅雨明けがおすすめだが、梅雨明け直後の1週間はカーチバイという強い南風が吹き、欠航が増える。

波照間島

島の北西部を中心に美しいビーチはいくつかあるが、遊泳可能なのはニシ浜だけ。浅瀬を泳ぐウミガメに遭遇できる

SUPやグラスボートで、抜群の透明度を誇る波照間ブルーの海を存分に満喫できる

## 周辺のスポット

### 日本最南端の碑
にほんさいなんたんのひ

MAP P.166 C-2

1972年の沖縄返還前にこの地を訪れた学生が自費で立てた。有人島では最南端の場所。

☎0980-82-5445(竹富町観光協会) 交 波照間港から車で15分 所 竹富町波照間 開休料 見学自由 P あり

海を望む断崖絶壁の上に立つシンボル

大海原の先にはフィリピン諸島しかない

島の周辺は美しいサンゴ礁の宝庫で、ダイビングやシュノーケリングが存分に楽しめる

西表島 MAP P.169 F-4

# 仲間川マングローブ
なかまがわマングローブ

亜熱帯の生態系を守る
国内最大級のマングローブ林が自生

**観賞のポイント**

### カヌーでの散策
西表島では大定番のアクティビティで、日本最大のマングローブ群落を進み、トレッキングで滝を目指す。

西表島

島の大半を占める亜熱帯のジャングルは、希少な動植物の宝庫。耳をすませば、鳥のさえずりや生き物の気配を感じられるだろう

> 手つかずの大自然が残り、亜熱帯のジャングルに覆われた島全体が国定公園に指定。イリオモテヤマネコやヤエヤマヤシなど島固有の動植物が生息し、冒険心をかきたてられる。

沖縄本島の南西約400kmに位置し、沖縄本島に次いで2番目に大きい。島の90％以上が亜熱帯の原生林やマングローブ林に覆われ、15種類の国指定天然記念物が生息する八重山諸島のなかでも特異な存在。また石垣島との間にある石西礁湖は国内最大級のサンゴ礁海域が広がり、世界有数の美しさを誇っている。西表島では、カヌーやクルーズ、ジャングルトレッキングなどのアクティビティに参加して、大自然を体感したいが、マリンアクティビティでも感動的な体験が待っているだろう。

仲間川流域のマングローブ林の広さは約158haで、国内のマングローブ林の約1/4にあたる

## ACCESS
アクセス

那覇空港
↓ 飛行機で約1時間
石垣島
↓ 船で約40分
西表島

石垣島離島ターミナルから、上原港行きが1日最大13便、直行便で所要約40〜45分。上原港周辺は宿泊施設や飲食店などが集まっており観光に便利だが、冬は北風の影響で欠航も多いので注意。大原港行きは1日最大16便。直行便で所要約35〜40分。

## INFORMATION
問い合わせ先
西表島交通 ☎0980-85-5304

## DATA
観光データ
所 竹富町南風見201-109 時 9:30〜16:30(電話受付) 休 無休 料 マングローブコース2500円 P 5台 ※ツアー要参加

## BEST TIME TO VISIT
訪れたい季節

マングローブの観察におすすめなのは、満潮時。木の根に隠れた小魚が見られる。また、北風が吹く2月もマングローブツアーを楽しむのに適している。風の影響を受けにくく、カヌーやSUPをゆっくり漕ぎながら大自然を満喫できる。

## 仲間川マングローブ観賞

原生林の中を進み、大自然の息吹を体感できるジャングルクルーズ。

全長約17.5kmの仲間川の河口〜中流域をガイド付き遊覧船でクルージングできる。天然記念物のヤエヤマヤシ群落や日本最大のサキシマスオウノキなど、ここでしか見ることのできない貴重な亜熱帯の植物を見学できる。潮位の関係などで時間が変更になることがあるので、公式HPを要確認。

1

2

3　　4

1 横揺れの少ないクルーズ船で仲間川を約6.5km遡る／2 クルーズ船はマングローブのすぐ近くまで近寄る／3 日本最大級の大きさのサキシマスオウノキ／4 独特の呼吸根(根っこ)を持つマングローブ

## あわせて訪れたい周辺のスポット

2021年に世界自然遺産に登録された西表島。
豊かな大自然と独特の生態系が広がる壮大な秘境の島を探検。

### 南風見田の浜
はえみだのはま
**MAP** P.169 F-3

西表島随一のロングビーチ。シーズン中も比較的人が少なく、落ち着いた時間が持てるが、売店やトイレがないので、長居には向かない。
☎0980-82-5445(竹富町観光協会) 交大原港から車で10分 所竹富町南風見 営休料散策自由 Pあり

ビーチコーミングも楽しめる砂浜

貝殻や漂着物を拾い、漂着物に思いを馳せる

### summer ちゃまー
サマー ちゃまー
**MAP** P.169 D-2

午前4時に集合し、早朝のジャングルや咲き誇るサガリバナを満喫できるツアー。☎090-6972-1360 交上原港から徒歩5分 所竹富島上原383 営8:00〜20:00(電話受付) 休不定休 料半日貸切ツアー1万2000円 Pあり ※ツアー要参加、6〜7月限定

サガリバナが水面を覆い尽くす光景も美しい

西表島の生態系を学ぶ

体験型の展示で楽しく学べる

### 西表野生生物保護センター
いりおもてやせいせいぶつほごセンター
**MAP** P.169 E-4

特別天然記念物であるイリオモテヤマネコをはじめとする、島の自然や生き物に関する展示・資料が豊富な無料施設。
☎0980-85-5581 交大原港から車で20分 所竹富町古見 営10:00〜17:00 休月曜(祝日の場合は翌日)、6月23日(慰霊の日)、年末年始 Pあり
写真提供:環境省西表野生生物保護センター

初夏の西表島の大人気ツアー

ジャングルの中を静かに進むカヤック

### マリユドゥの滝
マリユドゥのたき
**MAP** P.169 E-2

浦内川上流にある滝。滝は2段になっており、滝つぼが丸いのが特徴。トレッキングで40分ほどかけて行くことができる。
☎0980-82-5445(竹富町観光協会) 所竹富町南風見 営休料※ツアー要参加 Pなし

「日本の滝100選」にも選ばれた県を代表する滝

展望台から見るマリユドゥの滝

与那国島 MAP P.166 C-4

# 西崎
いりざき

## 台湾の島影を見る
## 絶壁に包まれた国境の島

**観賞のポイント**
**春先に最も空気が澄む**
一般的に梅雨明後がベストシーズンとされているが、絶景を楽しむなら最も空気が澄む3～4月がおすすめ。

東シナ海と太平洋の間の断崖絶壁に囲まれた絶海の孤島。海岸沿いに絶景スポットが多く、白砂のビーチといった南国のリゾートの雰囲気はないが、雄大な景色と牧歌的な風景が魅力。

沖縄本島の南西約520km、台湾の北東約111kmに位置し、日本最西端の国境の島と呼ばれている。地質はサンゴ礁の隆起ではなく、堆積岩からなり、断崖や急崖が多く、起伏に富んでいる。島の南海岸には断崖絶壁と紺碧の海といったダイナミックな風景が、また、緑の草原には天然記念物のヨナグニウマが放牧され、のどかな風景が広がっている。そして島の南側の海底には、古代の城跡のような巨大な海底遺跡のポイントがあり、ハンマーヘッドシャークの回遊とともにダイバーを魅了している。

体高120cm程度の小形の日本在来種。温厚で人なつこい。乗馬ツアーなどもある

日本最西端の岬、西崎は高台にあり、島全体をパノラマ状に見渡せ、晴れた日には台湾を望むこともできる

## ACCESS
### アクセス

那覇空港
↓ 飛行機で約1時間20分
与那国空港
↓ 車で15分
波照間島

琉球エアーコミューター(RAC)が運行。1日2便(午前・午後の各1往復)。
※運行状況は航空会社の公式サイトで要確認
与那国空港 ☎0980-87-2831

## INFORMATION
### 問い合わせ先

与那国町観光協会 ☎0980-87-2402

## DATA
### 観光データ

☎0980-87-2402(与那国町観光協会)
所 与那国町与那国 休 見学自由 P あり

## BEST TIME TO VISIT
### 訪れたい季節

ダイビングを楽しみたいなら12～5月がベスト。ハンマーヘッドシャークの群れや海底遺跡を楽しみたい人にぴったり。特に12月はクシティやサトウキビの収穫も始まるのでグルメも充実。6～9月は常夏のビーチと伝統行事を楽しめるベストシーズン。6月には漁の安全と豊漁を願う海神祭、7月には五穀豊穣を祈る豊年祭が行われる。

与那国島

絶景スポットで展望台や灯台がある岬、西崎には日本最西端の地の碑が立つ

## 周辺のスポット

### ティンダバナ

MAP P.167 E-3

標高約85m、自然浸食によってできた断崖で天然の展望台。「サンアイ・イソバ」という女首長がティンダバナの上に住んでいたといわれ、その石碑がある。

☎0980-87-2402(与那国町観光協会)
交 与那国空港から車で約20分 所 与那国町与那国 休 見学自由 P あり

崖の上の神聖なビュースポット
島を見守る景勝地。近くに湧水があり、神聖な水として祭事に使われる

刻々と移り変わる空の色を感じながら、日本で最後に沈みゆく夕日を眺められる

# エリアガイド

# エリアガイド

## 島々の風土に溶け込む多彩な宿

# 絶景ホテルガイド⑤

星空観察やトレッキング、芸能鑑賞など、八重山の自然や文化を堪能できる宿が人気。
それぞれに固有の風土が息づく小さな島々で、暮らすように滞在するのも楽しい。

カフェの海空テラスは星空を見渡す特等席。八重山の夜を鮮やかに彩る

**無数の星がきらめく銀河を独り占め**
**南十字星という名の楽園リゾート**

### はいむるぶし

「はいむるぶし」とは、八重山地方の言葉で南十字星の意味。日本で最も赤道に近い地域であり、南十字星や天の川をはじめ、84の星座を観察できる。海の美しさも格別で、マリンアクティビティが充実。客室はデラックスからスイートまで多彩に揃う。

**小浜島** MAP P.167 F-2

☎0980-85-3111 ⊗小浜港から車で7分 ⊕竹富町小浜2930 ⊕IN15:00／OUT11:00 ⊛要問合せ ⓟあり ※2024年11月からリニューアル工事中。2025年夏にリニューアルオープン予定。詳細は公式HP参照

---

**古くから伝わる芸能や食文化に親しみ**
**琉球瓦の伝統家屋で島人のように暮らす**

### 星のや竹富島
ほしのやたけとみじま

竹富島の東側に広がる2万坪の敷地に、島の集落を踏襲したリゾート。全客室が一軒家で伝統建築を踏襲しつつ快適性も兼備。小道を抜けると手つかずの砂浜が広がる。

石垣に囲まれた赤瓦屋根の家々が緑のなかに立ち並ぶ

**竹富島** MAP P.166 B-4

☎050-3134-8091 ⊗竹富港から車で10分 ⊕竹富町竹富1955 ⊛IN15:00／OUT12:00 ⊛1泊食事別(1室) 14万7000円～(宿泊予約は2泊から) ⓟ周辺駐車場利用

---

島の約90％をジャングルが覆う大自然の宝庫。ホテルの目の前には美しい月ヶ浜が

**濃密な自然が息づく亜熱帯の秘境で**
**島の貴重な生態系や文化にふれる**

### 星野リゾート 西表島ホテル
ほしのリゾート いりおもてじまホテル

西表島最大規模のリゾートホテル。知識豊富なガイドと行くアクティビティツアーや島の文化を学べるプログラムが充実。カマイ(イノシシ)、ガザミ(ワタリガニ)など、地元で親しまれる食材を使った料理も楽しみたい。

**西表島** MAP P.169 D-2

☎050-3134-8094(星野リゾート予約センター) ⊗上原港から車で10分 ⊕竹富町上原2-2 ⊛IN15:00／OUT11:00 ⊛2泊食事別 2万4000円～ ⓟあり

# 奄美群島

琉球と本土、九州の文化が入り混じり、独自の文化を育んできた奄美の島々。複雑な海岸線、急峻な山々など雄々しい地形は唯一無二の島景色をつくり出している。

# 奄美大島
あまみおおしま

奄美市

## 亜熱帯の森に生息する生き物たち ここは東洋のガラパゴス

早朝の幻想的な
風景は必見

### 住用マングローブ林
すみようマングローブりん
MAP P.173- 1

日本国内でも有数の広い面積を誇るマングローブ林。カヌー体験は人気のアクティビティのひとつ。

☎0997-56-3355(黒潮の森マングローブパーク) 交しまバス・マングローブパーク下車、徒歩すぐ 所奄美市住用町石原478(黒潮の森マングローブパーク) 営9:00~18:00(最終入園17:30)、11~2月は~17:30(最終入園17:00) 休年末年始 Pあり

光を浴びて
キラキラ光る滝

### マテリヤの滝
マテリヤのたき
MAP P.173- 2

「太陽が輝く滝つぼ」を意味する言葉が由来。正午頃は太陽が真上から降り注ぎ、美しい滝つぼを見ることができる。

☎0997-57-2117(大和村役場企画観光課) 交奄美空港から車で1時間40分 所大和村名音深山塔 休無料 見学自由 Pあり

MAP P.173

世界遺産に認定された癒やしの島。
奄美ブルーと称される青い海と
白い砂浜が訪れる人々を魅了する

　鹿児島本土と沖縄本島の中間に位置する亜熱帯性気候の島。2021年には「奄美大島、徳之島、沖縄島北部及び西表島」として世界自然遺産に登録された。南国特有の透明度の高い海や美しいビーチだけでなく、豊かな原生林も魅力のひとつ。太古の面影を残すジャングルでは、天然記念物にも指定されるルリカケス、島の固有種であるオーストンオオアカゲラ、アマミノクロウサギなど独自の生態系が育まれている。

奄美大島

### ACCESS アクセス

鹿児島空港
↓ 飛行機で約1時間
奄美空港

奄美大島へは飛行機で主要都市から直行便が運航、または鹿児島・那覇からフェリーでアクセス可能。
奄美空港ターミナルビル
☎0997-63-2251

### INFORMATION 問い合わせ先

あまみ大島観光物産連盟
☎0997-57-6233

オヒルギとメヒルギを中心とした希少な林

### ハートロック
キュートな形が
カップルに人気

MAP P.173-3

干潮のときにだけ姿を現すハート形の潮だまり。恋愛のパワースポットとしても話題の場所だ。潮位80cm以下だときれいなハート形が見られる。
☎0997-69-4512(龍郷町役場企画観光課) 交奄美空港から車で30分 所龍郷町赤尾木 開休料見学自由 Pあり

173

ヨロン島
よろんとう

**与論町**

# 星砂の浜辺&星空の島 幻の砂浜「百合ヶ浜」

一度は見たい
白いサンドバー

## 百合ヶ浜
ゆりがはま
**MAP** P.175- 1

大潮の干潮時にのみ出現する幻の美しい
砂浜。星の砂も見つかるかも。
☎0997-97-5151（ヨロン島観光協会）交与
論空港から車で20分（大金久海岸まで）所
与論町大金久海岸沖合1.5km 開休見学自
由（例年、春から秋にかけて中潮から大潮
の干潮時のみ）Pあり

神話の舞台から
望む雄大な景色

## 舵引きの丘
はじびきばんた
**MAP** P.175- 2

島の中心にある見晴らし
のいい丘で、ヨロン島が
誕生した地という逸話が
残る。沖縄本島の国頭や
沖永良部島などを望むこ
とができる。
☎0997-97-5151（ヨロン島
観光協会）交与論空港か
ら車で10分 所与論町朝戸
111 開休料見学自由 Pあり

174

MAP P.175

一年中温暖な気候、美しい海での
マリンアクティビティ、そして満天の
星を楽しめる絶景の宝庫

360度見渡す限り透き通った海が広がる

　周囲約24kmという小さな島。波風の穏やかな日にはボートが宙に浮かんでいるかのように見える透明度の高い海、真っ白なビーチなどの絶景が楽しめる。変化に富んだ海岸風景やウミガメ、熱帯魚などが見られるダイビングやSUPなど海のアクティビティも盛んだ。2021年には星空が美しく見られる「日本で一番暗い場所」にも選ばれた。星のソムリエ（星空案内人）が案内してくれる星空ツアーも人気だ。

### ACCESS アクセス

鹿児島空港
↓ 飛行機で約1時間40分
与論空港

沖縄経由、鹿児島経由、奄美大島経由の3つのルートで行くことができる。各ルートとも飛行機とフェリーを組み合わせて移動することができる。
与論空港 ☎0997-97-3465

### INFORMATION 問い合わせ先

ヨロン島観光協会 ☎0997-97-5151

ヨロン島

島の西半分が見渡せる

### 与論城跡
よろんじょうあと
MAP P.175-3

1400年代に琉球の北山王の三男によって築城され、現在は石垣のみ残る。高台にあり、はるかかなたの水平線まで一望できるビュースポットだ。
☎0997-97-5151（ヨロン島観光協会） 交与論空港から車で15分 所与論町立長3313 営休料見学自由 Pあり

メーラビビーチ（ナホーバッタイ）
2 舵引きの丘
ヨロン島
与論町
与論空港
与論港
大金久海岸
一社ヨロン島観光協会
1 百合ヶ浜
与論民俗村
チヂ崎
3 与論城跡

N
0　2km

## 喜界島 きかいじま

**喜界町**

隆起サンゴ礁の島 季節ごとに彩りを添えるサトウキビ畑

**思わずジャンプしたくなる道!?**

### さとうきび畑の一本道
さとうきびばたけのいっぽんみち
MAP P.177-1

一面のサトウキビ畑をまっすぐに貫く3kmの一本道。空につながるような開放感あふれる景色だ。車で走るときにはスピードの出しすぎに注意を！

☎0997-65-1202（喜界島観光物産協会）
交喜界空港から車で15分 所喜界町 休休
料見学自由 Pあり

ロケ地としても使われる絶景スポット

**神秘的な姿に圧倒される**

### ガジュマル巨木
ガジュマルきょぼく
MAP P.177-2

樹齢100年超の巨木で、枝が空を覆う迫力ある姿を見せてくれる。周りの木や岩などとの奇跡的なバランスで立つ、島随一のパワースポットだ。

☎0997-65-1202（喜界島観光物産協会）交喜界空港から車で15分 所喜界町手久津久 休見学自由
Pあり

MAP P.177

透明度抜群の海や神秘的な水中世界、絶景や驚きの風景が楽しめる魅力満載の島

鹿児島市から南に380km、奄美大島から東25kmに位置するサンゴ礁が隆起してできた島。現在も年間平均2mmの速さで隆起を続けているという。島内には奄美十景のひとつである百之台公園のほか、スギラビーチやハワイビーチ、サンゴの石垣など名所が豊富で、ダイビングスポットとしても人気がある。「蝶の島」とも呼ばれており、保護蝶のオオゴマダラや渡り蝶のアサギマダラなどが生息している。

喜界島

### ACCESS アクセス

鹿児島空港
↓ 飛行機で約1時間5分
喜界空港

鹿児島または奄美大島経由で飛行機かフェリーを利用。鹿児島と奄美大島からのみ直行便が運航。
喜界空港 ☎0997-65-1117

### INFORMATION 問い合わせ先

喜界島観光物産協会
☎0997-65-1202

**スギラビーチ**
MAP P.177-③

天然の入り江を使った海水浴場。サンゴのリーフで囲まれているため、一日中波が穏やかだ。夕日を眺めながら海水浴やグランドゴルフ、キャンプが楽しめる。
☎0997-65-1202（喜界島観光物産協会）
⊗喜界空港から車で3分 ⊕喜界町中里202-4 働休見学自由 ℗あり

海に沈む夕日が壮麗！

# 徳之島
とくのしま

徳之島町・伊仙町・天城町

## 貴重な動植物たちが待つ 生命力あふれる島

### 犬田布岬
いぬたぶみさき

**奄美十景にも選ばれた美観**

**MAP** P.179- 1

東シナ海と切り立つ琉球石灰岩の海触崖がつくり上げた景観が見事。眼下には海底のサンゴが織りなす美しい光景が広がる。最西端が見られる岬の突端には戦艦大和の慰霊塔も立つ。

📞0997-86-3133（伊仙町きゅらまち観光課）🚃徳之島空港から車で35分 🏠伊仙町犬田布 🕐休料見学自由 Ｐあり

### ウンブキ

**日本最大級の海中鍾乳洞**

**MAP** P.179- 2

鍾乳洞の沈下により陸と海底がつながった神秘的な空間。ガジュマルやソテツの間を抜けていくとエメラルドグリーンの美しい水面が見られる。

📞0997-85-5382（天城町商工水産観光課）🚃徳之島空港から車で2分 🏠天城町浅間 🕐休料見学自由 Ｐあり

MAP P.179

奇岩や遺跡めぐりなどで自然美を楽しめる徳之島。世界遺産に認められた魅力を堪能したい

灯りの少ない岬は星空観測に最適

奄美大島の南西に位置する、奄美群島内で2番目に大きな島。手つかずの自然が魅力で、与名間ビーチ、犬の門蓋、犬田布岬などからは水平線に沈む美しい夕日が見られる。サンゴ礁の海に囲まれており、ダイビングやサーフィンなどのマリンアクティビティが人気。希少な動植物も人気で、トクノシマトゲネズミなどの固有種も生息する。また、闘牛が盛んで7カ所ある闘牛場では迫力ある牛の姿に大興奮すること間違いなし。

### ACCESS アクセス

鹿児島空港
↓ 飛行機で約1時間
徳之島空港

鹿児島、奄美大島、那覇経由で飛行機やフェリーを利用。那覇から飛行機を利用する場合は、沖永良部島か奄美大島経由となる。
徳之島空港
☎0997-85-2271

### INFORMATION 問い合わせ先

徳之島観光連盟 ☎0997-81-2010

徳之島

南国ムードを満喫できる

### 金見崎ソテツトンネル
かなみさきソテツトンネル
MAP P.179-③

約300年かけて生長したソテツがつくる 約250m続くトンネル。トンネルを抜けると、太平洋と東シナ海を一望できる金見崎展望所に出る。
☎0997-83-0731(徳之島町おもてなし観光課) 交徳之島空港から車で30分 所徳之島町金見 閉休料見学自由 Pあり

# 沖永良部島
おきのえらぶじま

和泊町・知名町

## エラブブルーに抱かれた 鍾乳洞と花の島

パノラマで見る
**美しい夕日**

### 半崎
はんざき

MAP P.181-①

島の南側に突き出た断崖絶壁の岬。絶景の夕日スポットで、映画『男はつらいよ』などのロケ地にもなった。沖合には戦時中「軍艦岩」と呼ばれた岩が浮かぶ。
☎0997-84-3540(おきのえらぶ島観光協会) 交沖永良部空港から車で23分 所和泊町瀬名 開休料見学自由 Pあり

西郷南洲記念館そばにある南洲神社には、西郷隆盛と愛犬ツンの銅像が立っている

ここで見る
**夜明けは絶景**

### ウジジ浜公園
ウジジはまこうえん

MAP P.182-②

長い年月を波に削られたさまざまな形の石灰岩が点在。その奇岩越しに見える朝焼けや月影が幻想的な絶景スポットだ。
☎0997-84-3540(おきのえらぶ島観光協会) 交沖永良部空港から車で22分 所知名町芦清良 開休料見学自由 Pあり

MAP P.181

華やかな南国色の花畑が広がり、訪れる人を夢中にする沖永良部島。南国の自然を満喫しよう

温暖な「花の島」としても知られる沖永良部島。透明度抜群の「エラブブルー」の海でウミガメと泳ぐダイビングや、スリル満点の大鍾乳洞探検（ケイビング）など、魅力的なアクティビティが盛りだくさんだ。切り花の栽培が盛んで、春には島を象徴する「エラブユリ」などが咲き誇る。島内は見どころも多く、特に東洋一の洞窟といわれる昇竜洞は全長3500mに及び、天然記念物にも指定されている神秘的な鍾乳洞だ。

開けた眺めで、息をのむような景色が広がる

## ACCESS アクセス

**鹿児島空港**
✈ 飛行機で約1時間25分

**沖永良部空港**
鹿児島・那覇・奄美大島経由で飛行機やフェリーでアクセス可能。鹿児島経由が一般的で、1日3便が発着。
沖永良部空港
☎0997-92-0520

## INFORMATION 問い合わせ先

おきのえらぶ島観光協会
☎0997-84-3540

沖永良部島

岩場に広がる大迫力の洞窟

### フーチャ

MAP P.181-3

断崖絶壁にぽっかりと口を開けた縦穴型の洞窟。潮吹き洞窟とも呼ばれ、タイミングが合えば穴から高く潮が吹き出す光景が見られる。

☎0997-84-3540（おきのえらぶ島観光協会）　沖永良部空港から車で10分　所和泊町国頭　開休料見学自由　Pあり

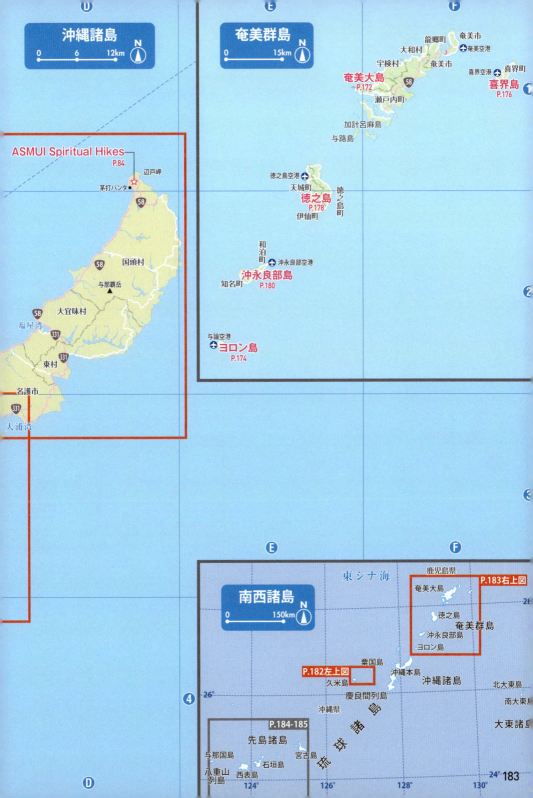

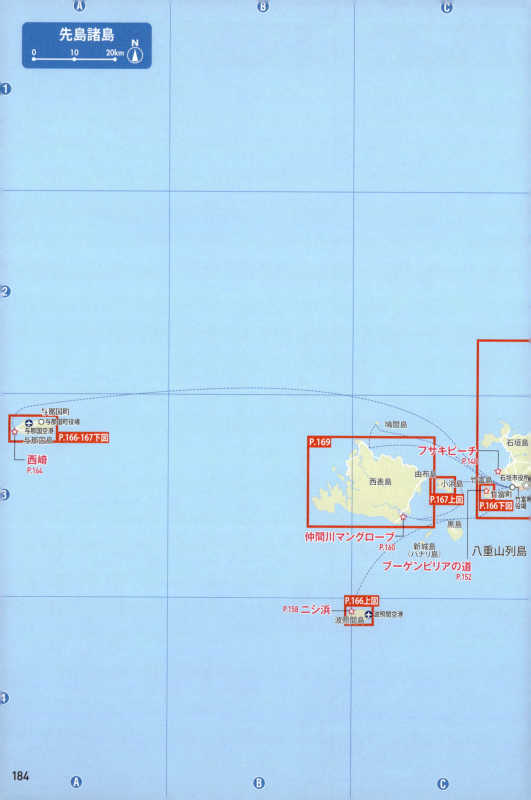

## TRANSPORTATION

沖縄方面への旅は、那覇空港を拠点に。石垣島・宮古島は直行便も利用可

# 沖縄（石垣島・宮古島）へのアクセス

沖縄へのアクセスは飛行機が基本。全国から那覇空港へ直行便が出ている。空港から、市街地やホテルへアクセスする方法もしっかりチェックしておきたい。

### 各地からの那覇空港への航空便

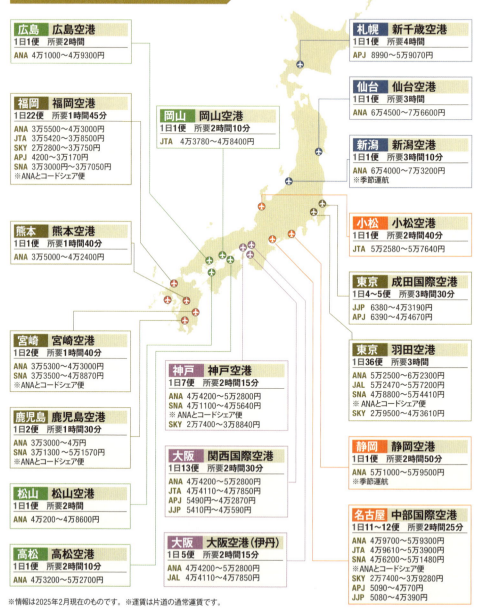

**広島　広島空港**
1日1便　所要2時間
ANA　4万1000〜4万9300円

**福岡　福岡空港**
1日22便　所要1時間45分
ANA　3万5500〜4万3000円
JTA　3万5420〜3万8500円
SKY　2万2800〜3万3750円
APJ　4200〜3万3170円
SNA　3万3000円〜3万7050円
※ANAとコードシェア便

**熊本　熊本空港**
1日1便　所要1時間40分
ANA　3万5000〜4万2400円

**宮崎　宮崎空港**
1日2便　所要1時間40分
ANA　3万5300〜4万3000円
SNA　3万3500〜4万8870円
※ANAとコードシェア便

**鹿児島　鹿児島空港**
1日2便　所要1時間30分
ANA　3万3000〜4万円
SNA　3万1300〜5万1570円
※ANAとコードシェア便

**松山　松山空港**
1日1便　所要2時間
ANA　4万200〜4万8600円

**高松　高松空港**
1日1便　所要2時間10分
ANA　4万3200〜5万2700円

**岡山　岡山空港**
1日1便　所要2時間10分
JTA　4万3780〜4万8400円

**神戸　神戸空港**
1日7便　所要2時間15分
ANA　4万4200〜5万2800円
SNA　4万1100〜4万5640円
※ANAとコードシェア便
SKY　2万7400〜3万8840円

**大阪　関西国際空港**
1日13便　所要2時間30分
ANA　4万4200〜5万2800円
JTA　4万4110〜4万7850円
APJ　5490円〜4万2870円
JJP　5410円〜4万590円

**大阪　大阪空港（伊丹）**
1日5便　所要2時間15分
ANA　4万4200〜5万2800円
JAL　4万4110〜4万7850円

**札幌　新千歳空港**
1日1便　所要4時間
APJ　8990〜5万9070円

**仙台　仙台空港**
1日1便　所要3時間
ANA　6万4500〜7万6600円

**新潟　新潟空港**
1日1便　所要3時間10分
ANA　6万4000〜7万3200円
※季節運航

**小松　小松空港**
1日1便　所要2時間40分
JTA　5万2580〜5万7640円

**東京　成田国際空港**
1日4〜5便　所要3時間30分
JJP　6380〜4万3190円
APJ　6390〜4万4670円

**東京　羽田空港**
1日36便　所要3時間
ANA　5万2500〜6万2300円
JAL　5万2470〜5万7200円
SNA　4万8800〜5万4410円
※ANAとコードシェア便
SKY　2万9500〜4万3610円

**静岡　静岡空港**
1日1便　所要2時間50分
ANA　5万1000〜5万9500円
※季節運航

**名古屋　中部国際空港**
1日11〜12便　所要2時間25分
ANA　4万9700〜5万9300円
JTA　4万9610〜5万3900円
SNA　4万6200〜5万1480円
※ANAとコードシェア便
SKY　2万7400〜3万9280円
APJ　5090〜4万70円
JJP　5080〜4万390円

※情報は2025年2月現在のものです。※運賃は片道の通常運賃です。

## 那覇空港から石垣島・宮古島へ

那覇空港から石垣島へ1日16便、宮古島へ1日14便と多い。美しい島々を上空から眺めながらの移動も観光のひとつ。

## 石垣島・宮古島間の移動は飛行機

石垣島・宮古島間は飛行機でしか移動手段がない。1日3便のため事前予約がおすすめ。

## 直行便で石垣島・宮古島へ

南ぬ島石垣空港への直行便は東京や大阪、名古屋、福岡から運航。宮古空港への直行便は宮古空港へ東京、名古屋、大阪から、下地島空港へ東京と神戸から運航している。

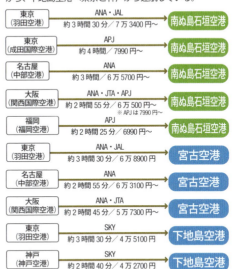

## 那覇空港 フロア図

### 那覇空港からのアクセス

**空港リムジンバス**
那覇空港と主要各地のリゾートホテルを結ぶ。7路線あるので、利用したい場合は宿泊するホテルがどの沿線にあるか確認を。事前ネット予約、または到着ロビー内の空港リムジンバスのカウンターで券を購入し、12番乗り場へ。ホテルから乗る場合はホテル内または販売所で乗車券を購入。空港リムジンバス ☎098-869-3301

**エアポートシャトルタクシー**
那覇空港から本島各地のホテルへ直行するタクシー。ホテルのあるエリアごとに料金が決まっており、沖縄個人タクシー「デイゴ会」の場合、読谷村まで8000円、所要約70分。名護市まで1万3200円、所要90〜100分。
沖縄個人タクシー「デイゴ会」 ☎090-3793-8180

# TRANSPORTATION

沖縄本島全域を網羅している

# 沖縄本島バス路線図

沖縄本島内の移動は、レンタカーが便利だが、路線バスも充実しているので、旅行者でも利用しやすい。郊外は本数が少ないので注意して。

## 那覇市内線

那覇を走る20番未満の番号の「市内線」は、一部を除き運賃は一律260円。20番以上の「市外線」も那覇市内は均一運賃。運賃は前払い（一部路線では異なる場合も）。那覇バスの市内区間とゆいレールが一日乗り放題になる「バスモノパス」1500円も、那覇バスの空港事務所や営業所、ゆいレール各駅で販売している。

那覇バスターミナル

## 市外線（那覇と各地域、各地域間を結ぶ）

20番以上の路線「市外線」を使えば、那覇空港や那覇バスターミナルから、本島各地へアクセスできる。

那覇バスターミナルから名護バスターミナルまで高速バス111番系統で所要約1時間30分、運賃は2420円。平和祈念堂入口へは、琉球バス・沖縄バス89番系統と琉球バス82番系統で所要時間1時間20分ほど、運賃は1100円。

沖縄の主要路線バスが乗り放題の「沖縄路線バス周遊パス」もおすすめ。1日券2900円、3日券5800円で那覇空港観光案内所などで販売。高速バスなど一部適用外もある。

沖縄本島・各エリアの交通ガイド ➡ P.45/P.65/P.89

# INDEX

**あ** AOSORA PARLOR　　　沖縄県宮古島市 ‥‥‥133
青の洞窟　　　　　　　　沖縄県恩納村 ‥‥‥51
あがり浜　　　　　　　　沖縄県渡名喜村 ‥‥‥110
東ヤマトゥガー　　　　　沖縄県粟国村 ‥‥‥112
あざまサンサンビーチ　　沖縄県南城市 ‥‥‥37
ASMUI Spiritual Hikes　沖縄県国頭村 ‥‥‥84
阿真ビーチ　　　　　　　沖縄県座間味村 ‥‥‥95
阿波連区ハーリー　　　　沖縄県渡嘉敷村 ‥‥‥104
阿波連ビーチ　　　　　　沖縄県渡嘉敷村 ‥‥‥101
嵐山展望台　　　　　　　沖縄県名護市 ‥‥‥75
育陶園 壺屋焼 やちむん道場
　　　　　　　　　　　　沖縄県那覇市 ‥‥‥18
伊計島　　　　　　　　　沖縄県うるま市 ‥57・67
池間大橋　　　　　　　　沖縄県宮古島市 ‥131・140
石垣島馬広場　　　　　　沖縄県石垣市 ‥‥‥147
石垣島サンセットビーチ　沖縄県石垣市 ‥‥‥147
石垣島鍾乳洞　　　　　　沖縄県石垣市 ‥‥‥151
石垣島天文台　　　　　　沖縄県石垣市 ‥‥‥151
石垣やいま村　　　　　　沖縄県石垣市 ‥‥‥151
石長田海岸マングローブ群落
　　　　　　　　　　　　沖縄県竹富町 ‥‥‥157
伊是名城跡　　　　　　　沖縄県伊是名村 ‥‥‥108
伊是名ビーチ　　　　　　沖縄県伊是名村 ‥‥‥108
犬田布岬　　　　　　　　鹿児島県伊仙町 ‥‥‥178
伊良部大橋　　　　　　　沖縄県宮古島市 ‥134・141
いらぶ大橋 海の駅　　　沖縄県宮古島市 ‥‥‥141
西表島カヌーツアー風車　沖縄県竹富町 ‥‥‥11
西表野生生物保護センター　沖縄県竹富町 ‥‥‥163
西崎　　　　　　　　　　沖縄県与那国町 ‥‥‥164
ウーグの浜（長浜ビーチ）沖縄県粟国村 ‥‥‥112
宇江城城跡　　　　　　　沖縄県久米島町 ‥‥‥107
ウジジ浜公園　　　　　　鹿児島県知名町 ‥‥‥180
ウッパマビーチ　　　　　沖縄県今帰仁村 ‥‥‥75
女瀬の崎展望台　　　　　沖縄県座間味村 ‥‥‥96
大岳展望台　　　　　　　沖縄県竹富町 ‥‥‥156
大本田展望台　　　　　　沖縄県渡名喜村 ‥‥‥111
海ギタラ　　　　　　　　沖縄県伊是名村 ‥‥‥109
海の駅 あやはし館　　　沖縄県うるま市 ‥‥‥57
裏万座毛　　　　　　　　沖縄県恩納村 ‥‥‥53
ウンブキ　　　　　　　　鹿児島県天城町 ‥‥‥178
A&W美浜店　　　　　　沖縄県北谷町 ‥‥‥66
ANAインターコンチネンタル万座ビーチリゾート
　　　　　　　　　　　　沖縄県恩納村 ‥‥‥69
奥武島　　　　　　　　　沖縄県南城市 ‥33・43
大神島　　　　　　　　　沖縄県宮古島市 ‥‥‥127
沖縄美ら海水族館　　　　沖縄県本部町 ‥76・90
おきなわワールド 文化王国・玉泉洞
　　　　　　　　　　　　沖縄県南城市 ‥33・43
オクマ プライベートビーチ＆リゾート
　　　　　　　　　　　　沖縄県国頭村 ‥‥‥92

オリエンタルヒルズ沖縄　沖縄県恩納村 ‥‥‥68
**か** 海軍棒プール　　　　　　沖縄県南大東村 ‥‥‥117
カイジ浜　　　　　　　　沖縄県竹富町 ‥‥‥155
ガジュマル巨木　　　　　鹿児島県喜界町 ‥‥‥176
勝連城跡　　　　　　　　沖縄県うるま市 ‥58・67
金見崎ソテツトンネル　　鹿児島県徳之島町 ‥‥‥179
カフェくるくま　　　　　沖縄県南城市 ‥‥‥37
cafe CAHAYA BULAN　沖縄県本部町 ‥‥‥90
果報バンタ　　　　　　　沖縄県うるま市 ‥‥‥54
茅打バンタ　　　　　　　沖縄県国頭村 ‥‥‥87
ガンガラーの谷　　　　　沖縄県南城市 ‥‥‥30
元祖中本鮮魚てんぷら店　沖縄県南城市 ‥‥‥43
喜屋武岬　　　　　　　　沖縄県糸満市 ‥‥‥38
鯨海峡とかしきまつり　　沖縄県渡嘉敷村 ‥‥‥104
グランディスタイル 沖縄 読谷 ホテル&リゾート
　　　　　　　　　　　　沖縄県読谷村 ‥‥‥68
来間大橋　　　　　　　　沖縄県宮古島市 ‥132・140
慶佐次川マングローブカヌー（やんばる自然塾）
　　　　　　　　　　　　沖縄県東村 ‥‥‥8
慶良間シュノーケリング（マリンクラブ ベリー那覇店）
　　　　　　　　　　　　沖縄県那覇市 ‥‥‥6
鶴巣 KOUNOSU　　　　沖縄県今帰仁村 ‥‥‥92
古宇利オーシャンタワー　沖縄県今帰仁村 ‥75・91
古宇利大橋　　　　　　　沖縄県今帰仁村 ‥72・91
古宇利ビーチ　　　　　　沖縄県今帰仁村 ‥‥‥91
古民家食堂 てぃーらぶい　沖縄県うるま市 ‥‥‥67
コンドイ浜　　　　　　　沖縄県竹富町 ‥‥‥155
**さ** 座喜味城跡　　　　　　　沖縄県読谷村 ‥‥‥49
さとうきび畑の一本道　　鹿児島県喜界町 ‥‥‥176
ザ・ブセナテラス　　　　沖縄県名護市 ‥‥‥69
summer ちゃまー　　　　沖縄県竹富町 ‥‥‥163
座間味島祭り　　　　　　沖縄県座間味村 ‥‥‥104
さんごゆんたく館　　　　沖縄県座間味村 ‥‥‥99
残波ビーチ　　　　　　　沖縄県読谷村 ‥‥‥49
残波岬　　　　　　　　　沖縄県読谷村 ‥‥‥46
残波岬公園　　　　　　　沖縄県読谷村 ‥‥‥66
佐和田の浜　　　　　　　沖縄県宮古島市 ‥‥‥141
ジ・アッタテラス クラブタワーズ
　　　　　　　　　　　　沖縄県恩納村 ‥‥‥70
識名園　　　　　　　　　沖縄県那覇市 ‥‥‥42
シークレットプールヴィラ・セジ
　　　　　　　　　　　　沖縄県恩納村 ‥‥‥92
島の駅 みやこ　　　　　沖縄県宮古島市 ‥‥‥137
首里いろは庭　　　　　　沖縄県那覇市 ‥‥‥42
首里金城町石畳道　　　　沖縄県那覇市 ‥‥‥42
首里城公園　　　　　　　沖縄県那覇市 ‥20・42
白鳥崎　　　　　　　　　沖縄県宮古島市 ‥‥‥141
スカイアドベンチャー うーまくぅ
　　　　　　　　　　　　沖縄県石垣市 ‥‥‥147
スギラビーチ　　　　　　鹿児島県喜界町 ‥‥‥177
STORYLINE 瀬長島　　沖縄県豊見城市 ‥‥‥44
砂山ビーチ　　　　　　　沖縄県宮古島市 ‥‥‥140
住用マングローブ林　　　鹿児島県奄美市 ‥‥‥172
すむばり食堂　　　　　　沖縄県宮古島市 ‥‥‥127
斎場御嶽　　　　　　　　沖縄県南城市 ‥37・43
瀬底大橋　　　　　　　　沖縄県本部町 ‥‥‥80
瀬底島　　　　　　　　　沖縄県本部町 ‥‥‥90
瀬底ビーチ　　　　　　　沖縄県本部町 ‥‥‥80
瀬長島ウミカジテラス　　沖縄県豊見城市 ‥‥‥29
**た** 玉陵　　　　　　　　　　沖縄県那覇市 ‥‥‥42
玉取崎展望台　　　　　　沖縄県石垣市 ‥‥‥147

| | | |
|---|---|---|
| 多良川 | 沖縄県宮古島市 | 123 |
| チグヌ浜 | 沖縄県今帰仁村 | 91 |
| 知念岬公園 | 沖縄県南城市 | 37・43 |
| 北谷公園サンセットビーチ | 沖縄県北谷町 | 63 |
| t&cとうらく | 沖縄県今帰仁村 | 91 |
| DMMかりゆし水族館 | 沖縄県豊見城市 | 29 |
| ティンダバナ | 沖縄県与那国町 | 165 |
| てぃどぅんかりゆし館 | 沖縄県竹富町 | 155 |
| てんぶす那覇 | 沖縄県那覇市 | 18 |
| 通り池 | 沖縄県宮古島市 | 141 |
| 渡嘉志久ビーチ | 沖縄県渡嘉敷村 | 100 |
| 渡口の浜 | 沖縄県宮古島市 | 137・141 |
| トケイ浜 | 沖縄県今帰仁村 | 91 |
| 豊崎美らSUNビーチ | 沖縄県豊見城市 | 26 |
| な 中城城跡 | 沖縄県中城村 | 67 |
| 仲間川マングローブ | 沖縄県竹富町 | 160 |
| 中村家住宅 | 沖縄県北中城村 | 67 |
| ナガンヌ島 | 沖縄県渡嘉敷村 | 97 |
| 今帰仁城跡 | 沖縄県今帰仁村 | 90 |
| ナゴパイナップルパーク | 沖縄県名護市 | 90 |
| 波上宮 | 沖縄県那覇市 | 24 |
| 波の上ビーチ | 沖縄県那覇市 | 25 |
| 西桟橋 | 沖縄県竹富町 | 155 |
| ニシ浜 | 沖縄県竹富町 | 158 |
| 北浜ビーチ | 沖縄県座間味村 | 98 |
| 西平安名崎 | 沖縄県宮古島市 | 124・140 |
| 日本最南端の碑 | 沖縄県竹富町 | 159 |
| ニャティヤ洞 | 沖縄県伊江村 | 114 |
| ニライ橋・カナイ橋 | 沖縄県南城市 | 34・43 |
| にんじん展望台 | 沖縄県うるま市 | 118 |
| ぬちまーす観光製塩ファクトリー | | |
| | 沖縄県うるま市 | 57 |
| 農家れすとらん楽園の果実 | 沖縄県宮古島市 | 140 |
| は ハートロック | 沖縄県今帰仁村 | 75・91 |
| ハートロック | 鹿児島県龍郷町 | 173 |
| ハイアット リージェンシー 瀬良垣アイランド 沖縄 | | |
| | 沖縄県恩納村 | 69 |
| 南風見田の浜 | 沖縄県竹富町 | 163 |
| はいむるぶし | 沖縄県竹富町 | 170 |
| 舵引きの丘 | 鹿児島県与論町 | 174 |
| ハテの浜 | 沖縄県久米島町 | 106 |
| ハビャーン(カベール岬) | 沖縄県南城市 | 118 |
| 浜比嘉島 | 沖縄県うるま市 | 57・67 |
| 浜辺の茶屋 | 沖縄県南城市 | 33 |
| バリバリ岩 | 沖縄県南大東村 | 116 |
| ハレクラニ沖縄 | 沖縄県恩納村 | 70 |
| 半崎 | 鹿児島県和泊町 | 180 |
| バンナ公園 | 沖縄県石垣市 | 151 |
| 東平安名崎 | 沖縄県宮古島市 | 120・140 |
| 備瀬のフクギ並木 | 沖縄県本部町 | 90 |
| ピナイサーラの滝トレッキング(西表島カヌーツアー風車) | | |
| | 沖縄県竹富町 | 10 |
| ひめゆりの塔・ひめゆり平和祈念資料館 | | |
| | 沖縄県糸満市 | 39 |
| 百名伽藍 | 沖縄県南城市 | 44 |
| 平久保崎 | 沖縄県石垣市 | 144 |
| ヒルトン沖縄宮古島リゾート | | |
| | 沖縄県宮古島市 | 142 |
| 紅型キジムナー工房 | 沖縄県名護市 | 18 |
| ブーゲンビリアの道 | 沖縄県竹富町 | 152 |
| フーチャ | 鹿児島県和泊町 | 181 |

| | | |
|---|---|---|
| 福州園 | 沖縄県那覇市 | 42 |
| フサキビーチ | 沖縄県石垣市 | 148 |
| ブセナ海中公園 | 沖縄県名護市 | 66 |
| フットライト通り | 沖縄県渡名喜村 | 110 |
| フナウサギバナタ | 沖縄県宮古島市 | 137・141 |
| フナクスビーチ | 沖縄県宮古島市 | 131 |
| 古座間味ビーチ | 沖縄県座間味村 | 94 |
| 平和祈念公園 | 沖縄県糸満市 | 43 |
| 辺戸岬 | 沖縄県国頭村 | 87 |
| 星野洞 | 沖縄県南大東村 | 117 |
| 星のや沖縄 | 沖縄県読谷村 | 68 |
| 星のや竹富島 | 沖縄県竹富町 | 170 |
| 星野リゾート 西表島ホテル | 沖縄県竹富町 | 170 |
| ホテル シギラミラージュ ビーチフロント | | |
| | 沖縄県宮古島市 | 142 |
| ホテルブルーズベイマリーナ | | |
| | 沖縄県宮古島市 | 142 |
| 保良泉ビーチ | 沖縄県宮古島市 | 123 |
| ま 真栄田岬 | 沖縄県恩納村 | 50・66 |
| 牧山展望台 | 沖縄県宮古島市 | 137 |
| マテリヤの滝 | 鹿児島県大和村 | 172 |
| マハナ岬 | 沖縄県粟国村 | 113 |
| マリユドゥの滝 | 沖縄県竹富町 | 163 |
| 万座毛 | 沖縄県恩納村 | 52・66 |
| マンタハイウェイダイビング(うみの教室) | | |
| | 沖縄県石垣市 | 12 |
| ミーフガー | 沖縄県久米島町 | 106 |
| 道の駅 いとまん | 沖縄県糸満市 | 29 |
| 美浜アメリカンビレッジ | 沖縄県北谷町 | 60 |
| 宮古島海中公園 | 沖縄県宮古島市 | 127 |
| 宮古島市体験工芸村 | 沖縄県宮古島市 | 123 |
| 宮古島市熱帯植物園 | 沖縄県宮古島市 | 131 |
| 水納ビーチ | 沖縄県本部町 | 82 |
| モーターパラグライダー(BLUE SKY) | | |
| | 沖縄県中城村 | 14 |
| や やちむんの里 | 沖縄県読谷村 | 49・66 |
| 八重干瀬 | 沖縄県宮古島市 | 128 |
| 八重干瀬マリンハート宮古島 | | |
| | 沖縄県宮古島市 | 131 |
| 山の茶屋 楽水 | 沖縄県南城市 | 33 |
| ヤンバルクイナ生態展示学習施設「クイナの森」 | | |
| | 沖縄県国頭村 | 87 |
| ヤンバルクイナ展望台 | 沖縄県国頭村 | 87 |
| 雪塩ミュージアム | 沖縄県宮古島市 | 127 |
| 由布島水牛車(亜熱帯植物楽園由布島) | | |
| | 沖縄県竹富町 | 16 |
| 百合ヶ浜 | 鹿児島県与論町 | 174 |
| 吉野海岸 | 沖縄県宮古島市 | 123 |
| 与那覇前浜 | 沖縄県宮古島市 | 140 |
| 米崎ビーチ | 沖縄県伊平屋村 | 118 |
| 与論城跡 | 鹿児島県与論町 | 175 |
| ら Little Universe OKINAWA | 沖縄県豊見城市 | 29 |
| Riad Lamp | 沖縄県南城市 | 44 |
| 琉球村 | 沖縄県恩納村 | 49・66 |
| リリーフィールド公園 | 沖縄県伊江村 | 115 |
| ルネッサンス リゾート オキナワ | | |
| | 沖縄県恩納村 | 70 |
| わ 湧出展望台 | 沖縄県伊江村 | 114 |

191

## STAFF

**編集制作** Editors
(株)K&Bパブリッシャーズ

**取材・執筆・撮影** Writers & Photographers
森合紀子　加藤由佳子　篠永歩美
成沢拓司　坪倉希実子　小早川渉

**本文・表紙デザイン** Cover & Editorial Design
(株)K&Bパブリッシャーズ

**表紙写真** Cover Photo
アフロ

**地図制作** Maps
トラベラ・ドットネット(株)
尾崎健一
山本眞奈美(DIG.Factory)

**写真協力** Photographs
関係諸施設
関係各市町村観光課・観光協会
おきなわフォト
アフロ
PIXTA

**総合プロデューサー** Total Producer
河村季里

**TAC出版担当** Producer
君塚太

**エグゼクティヴ・プロデューサー**
Executive Producer
猪野樹

おとな旅プレミアム
# 日本の絶景　沖縄

2025年4月18日　初版　第1刷発行

| | | |
|---|---|---|
| 著　　者 | TAC出版編集部 | |
| 発 行 者 | 多 田 敏 男 | |
| 発 行 所 | TAC株式会社　出版事業部 | |
| | （TAC出版） | |

〒101-8383 東京都千代田区神田三崎町3-2-18
電話　03（5276）9492（営業）
FAX　03（5276）9674
https://shuppan.tac-school.co.jp

| | | |
|---|---|---|
| 印　　刷 | 株式会社　光邦 | |
| 製　　本 | 東京美術紙工協業組合 | |

©TAC 2025　Printed in Japan　　　　ISBN978-4-300-11653-1
N.D.C.291　　　　　　　　落丁・乱丁本はお取り替えいたします。

本書は、「著作権法」によって、著作権等の権利が保護されている
著作物です。本書の全部または一部につき、無断で転載、複写さ
れると、著作権等の権利侵害となります。上記のような使い方を
される場合には、あらかじめ小社宛許諾を求めてください。

本書に掲載した地図の作成に当たっては、国土地理院発行の数値
地図（国土基本情報）電子国土基本図（地図情報）、数値地図（国土
基本情報）電子国土基本図（地名情報）及び数値地図（国土基本情報
20万）を調整しました。